Adventure of Natchan

Kuboyama Chikako & Kuboyama Natsumi

JN173991

なっちゃんの大冒険

ピアニスト
久保山菜摘の
平和活動

Adventure of Natchan

Kuboyama Chikako & Kuboyama Natsumi

久保山千可子＆久保山菜摘

久保山菜摘（2014年4月，第10回チャリティー・コンサート，藤原翼撮影）

花乱社

生まれたときから目の前にピアノがあり，いつもそこに音があった

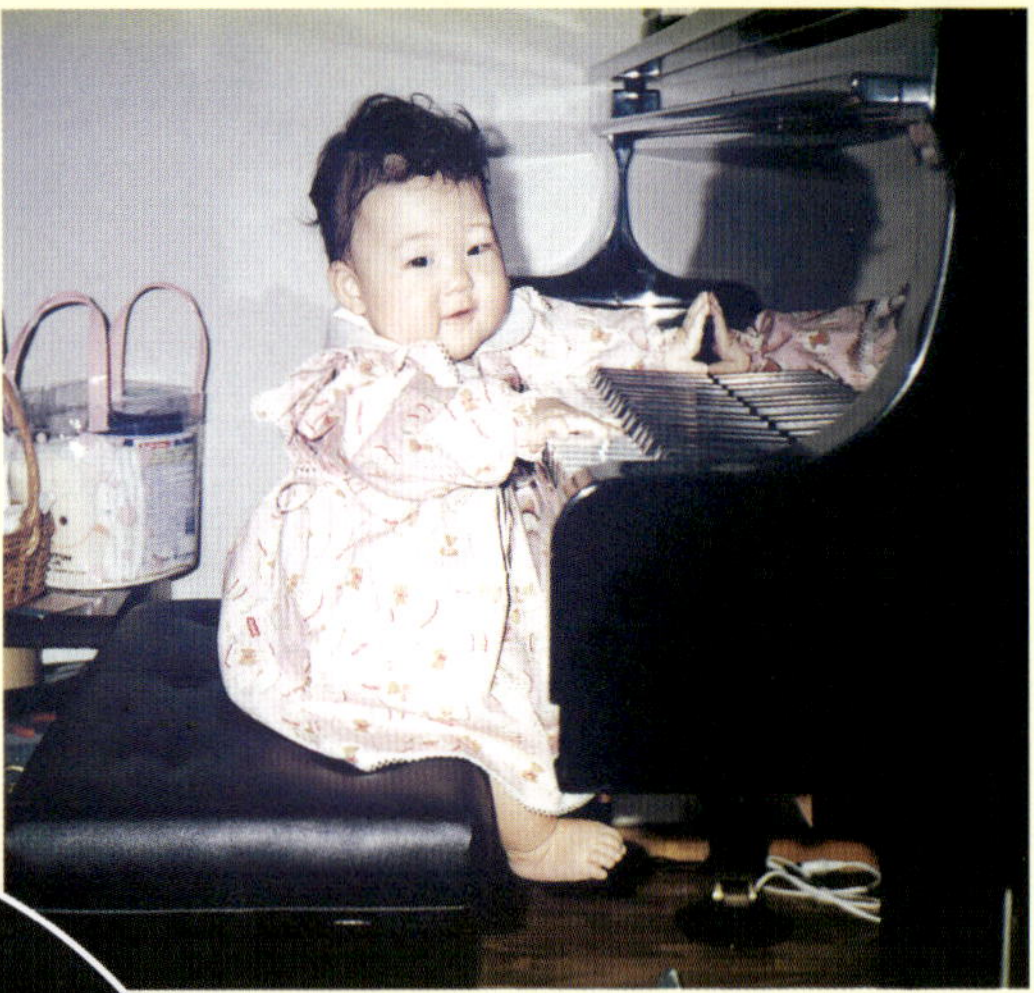

◀上：３歳から13年間，バレエも学ぶ。中学１年で初めてソロを踊り，ステージの喜びを知る（2005年春）
下：「鳥栖こどもピアノコンクール」受賞コンサートにて，福岡室内楽奏団と（2004年，アクロス福岡）

４歳の菜摘と母・千可子の連弾。アンサンブルをたくさんすることですくすくと育っていった

1998年，６歳でモスクワに行く。初めての国際的な音楽のステージを経験することにより世界観が広がる

標高4000メートルの高地にあるペルー・ウチュジュク村の小学校に，鍵盤ハーモニカ25台を持って訪問。子供たちは初めての楽器に興味津々で，全員には行き渡らなかったが，代わりばんこに練習をする。上は「ドレミファソ」と“叫んでいる”場面（2014年５月）

小学五年生のとき、平和授業で「世界には苦しんで生きている人がたくさんいる」ということを知りました。

地雷を踏んで手足を失った人、戦争で親を亡くした子供たち、食べる物がなくてお腹をすかせ、病気を治す薬も手に入らない人たち。

それなのに私は楽しくピアノを弾いて過ごしている。

「私に何かできることはないだろうか？」と子供心に思いました。

そして、大好きなピアノを弾くことで困っている人たちの力に少しでもなれたら……そんな想いで六年生のときにチャリティー・コンサートを始めたのです。

久保山菜摘

なっちゃんの大冒険❖目次

第一楽章　鍵盤に私の想いをのせて

久保山菜摘

ちちぶ国際音楽祭……173
九州国際フェスティバルの誕生……176
木下サーカスとの出会い……180
子育て卒業……183

第三楽章　なっちゃんの大冒険に寄せて　【寄稿】

なっちゃんとの一年間……生の松原特別支援学校教諭　西岡美香　188
なっちゃんとの思い出……全日本ピアノ指導者協会評議員　池川礼子　193
なっちゃん、おめでとう！……桐朋学園大学特任教授　二宮裕子　196
新しいピアニスト像を作る菜摘さん……一般社団法人全日本ピアノ指導者協会 専務理事　福田成康　199
ペルー・ウチュジュク村小学校への支援活動と菜摘さんとの交流……アンデスの風　山崎和幸　201
バレエとピアノ……石田絵理子バレエスクール代表　石田絵理子　205

久保山菜摘をめぐる断章。生まれながらのピアニストについて。……ピアニスト　大井　健　208
ぶれない！　折れない！　媚びない！……デコレーション・アーティスト　Rose ヨーコ　214
久保山菜摘さんの本の出版にあたり……指揮者　木村厚太郎　216
久保山菜摘について……作曲家・ピアニスト　中村匡宏　218
音楽の導き……E♪Music 代表　高瀬貴子　230
私の使命……音楽教室 LaLa・シンフォニー代表　野中朋子　234
ホンモノの音楽に触れてほしい……しんび音楽教室　中村真由子　238
ピアノを通じて得たもの……ソレイユ音楽教室主催　三島由美子　241
なっちゃん、ありがとう……ソウルスプラッシュクルー代表　黒岩洋子　244
ご縁あって……姶良カノンステーション代表　出水恵美子　246
あとがき……久保山千可子　249

第一楽章

鍵盤に私の想いをのせて

久保山菜摘

私にとっての音楽・ピアノ

——あなたにとってピアニストになりたいと思ったきっかけは何ですか？

この質問に私はいつも頭を悩ませる。あるピアニストの演奏を聴いて感動したから、大好きな演奏家、曲をＣＤが擦り切れるまで聴いたから……そんな答えをよく聞く。

しかし私にとって、ピアニストになりたい！ と思ったきっかけは見当たらない。生まれたときから身近にあり、ピアノが大好きで、小さい頃から弾いているうちに、年々舞台で演奏する数が増えていった。

ピアノを弾くということは、私にとって人間に不可欠である食事、睡眠と同じようなものであった。ピアニストになりたい、というきっかけはなかったが、音楽の道へ進むためにこの世に生まれてきた、と実感した本番はある。

それは中学一年生の春、ポーランドから来日したクラコフ管弦楽団とモーツァルトのピアノ協奏曲第二十六番「戴冠式」を弾いた本番だ。協奏曲を全楽章弾けるということがとても嬉しかったが、

クラコフ管弦楽団とモーツァルトのピアノ協奏曲第26番「戴冠式」を演奏（2005年５月，福岡メルパルクホール）

三十分程も弾き続けられるのかという不安もあった。

演奏が始まると、不安どころか、オーケストラの方々と音楽でコミュニケーションを取れた至福のひとときであった。音楽は、言葉以上に相手と密に触れ合うことのできる言語である。

何にも替えられない幸せのひとときであり、その言語を五感で感じることができた本番であった。終演後には自然と涙が溢れ、私は音楽家になるために生まれてきたんだ！　と今世《こんせ》の宿命に気づいた。

母はピアノの教師、コンサートのプロデューサーをしているが、私が中学生の頃までは舞台でピアニストとして演奏活動もしていた。私がお腹にいるときも、母はコンサートで演奏し、またたくさんの演奏会に足を運んでいたと言う。私はこの世に誕生する前から、クラシック音楽と触れ合っていたのだ。

私にとって音楽、ピアノとは、世界共通の言語であり、自分自身を自由に、また自然な形であらゆるものを伝えられる、何にも替えることのできない大好きなものである。音楽を通して、今まであった出来事を、二十二歳の久保山菜摘が記憶を辿りながら綴っていきたい。

母の夢と憧れ

母は、ヴァイオリニストと共演する度に、ヴァイオリンに憧れていた。それで、娘にはヴァイオリンを習わせたいと思い、私が三歳のときに有名なヴァイオリニストの先生の門を叩く。まだ楽器を持っていない私に、次のレッスンまでに練習ができるよう、その先生はヴァイオリンを貸してくれた。帰宅して、早速弾いてみようと楽譜を開く。母が私から目を離した瞬間、調弦をするペグをぐるぐると回してしまい、母に怒られたことを今でも覚えている。

次のレッスンのとき、

「この子はまだ小さいから、お母さまもピアノの先生であることだし、ピアノを先に習い始めたらいいよ。また少し大きくなったらおいで」

と言われた。しかし、その後ヴァイオリンをもう一度習うことはなかった。

高校から桐朋女子高等学校音楽科に入学し、弦楽器の友人がたくさんでき、彼女たちからヴァイオリンにかかるお金の話を聞くと、ピアノにかかる金額とは一桁以上違う。あのとき先生がピアノを奨めてくれていなかったら……久保山家はきっと破産していたに違いない。

ヴァイオリンを習わせることが夢だった母。またヴァイオリン教室に通えるよう、ピアノと歌を必死で毎晩教え込んでくれた。夜寝る前に、楽譜の譜読みが早くなるようにと、歌で五線譜を読む特訓をしていた。そのお陰で私は、本を読むように譜読みが大好きになっていった。絵本の読み聞かせも毎日の楽しみであったが、時々母は「なっちゃん！　今日は私に絵本を読み聞かせて」と言い、私が一生懸命文字を読んでいるのに、読み終わって母を見ると、ぐっすりと眠っていた……。

ちょうどその頃からバスティン・メソッドのグループ・レッスンも並行してやっていたため、ますます譜読み力は上がっていった。そのためピアノのレベルはぐんぐん上達し、四歳で初めて受けたコンクールで一位になり、大きなトロフィーを笑顔で抱えて喜んでいる私を見て、母はヴァイオリンを習わせることを諦め、ピアノの道に進めさせることにした。

私は、音楽よりも先に、三歳からバレエを習い始めた。母は子供の頃、友達がバレエを習っていたため、毎年発表会にお呼ばれして観に行っていた。自分は習うことができなかったが、華やかなバレエの世界に憧れを持っていたらしい。それで、バレエを娘に習わせることが母の夢であった。

十三年間、私は石田絵理子バレエスクール（福岡市）に通った。バレエのレッスンでは、クラシック音楽に合わせて、バーレッスン、センターレッスンが行われていた。

バレエはピアノと違い中学生の頃まで自信がなかった。みんな華奢《きゃしゃ》で長い足の子が多いのに、自分の足が筋肉質であることにコンプレックスを持っていた。

そのため、バレエをやっていることを学校の友達に知られたくなかった。バレエに行くときには、頭をアップしタイツをはいている姿を見られないよう、周りをきょろきょろとして通っていたものだ。しかし、学校の体育のときの異常な体の柔らかさと、走るときには大股で姿勢の良い不思議な走り方だったので、みんな分かっていたに違いない。

石田絵理子バレエスクールでは毎年、福岡サンパレスというとても大きなホールで発表会が行われた。一年のうち半分はバーレッスンとセンターレッスンで基礎を学ぶ。発表会の半年程前になると、その年の発表会の演目、クラスが担当する役、自分のポジションが発表される。発表会のための振り付けに入ると、毎週のレッスンがとても楽しみであった。

発表会は毎年、満席であった。綺麗な衣装を身に纏い、お化粧をして、こちらからはお客さまが見えないほどのライトを浴びる舞台に出て行く瞬間の緊張感は、ピアノの本番とは全く違うものである。このバレエでの舞台経験は、ピアノを演奏する上で大変役に立っている。そのような素晴らしい経験を三歳からさせてくれた母に大変感謝している。

バレエとピアノ

五歳のときのバレエの発表会での出来事。一週間前から母は入院していた。そのため、祖母が東京から来て発表会の準備をしてくれていた。本番の日も母はまだ退院していなかったため、祖母と一緒に楽屋入りした。私は熱があり気分が悪いと訴えたが、祖母は、

「今日も元気だね。熱なんかないよ。舞台の上でも頑張りなさい」

と笑顔で私を送り出した。クラスのみんなと一緒にウサギの可愛い耳をつけ、真っ白な衣装で踊った。楽屋に帰ってくると、祖母は、

「上手だったよ！」

と褒めてくれたが、私は高熱で母が入院している病院へタクシーで向かった。そして、親子共々、家に帰り祖母の手厚い看護を受けたのである。祖母は、私が朝から高熱であることを分かっていたのだ。しかし、発表会のために一生懸命練習をしてきたのを知っていたので、舞台を無駄にしないように取り計らってくれたのである。

38度の熱があっても踊ったバレエの発表会。おばあちゃんと（1997年秋）

中学生になると、発表会とは別に、春にはスプリングコンサートに出演できる。「オーロラ姫」、「ジゼル」、「くるみ割り人形」などからヴァリエーションを選び、一人で約二分間踊るのだ。大きな舞台を一人で踊ることができることに胸が弾んだ。

中学一年では「ジゼル」の村娘のヴァリエーションを踊った。それまでバレエの発表会では、クラスのみんなで一つのものを作っていたが、今度は一人で踊ることができる、そう思うと気合いの入り方が違うのが自分でも分かった。

結局私は、団体行動型ではなく、一人で演じるのが好きだということに気づいた。中学生から指導をしていただいた石田先生は、とても優しく、また時に厳しく、舞台でどのようにすれば自分が大きく華やかに見えるかを的確に指導して下さった。それまで筋肉質の足に対してコンプレックスを持っていた私に、先生はバレエを踊る楽しさを教えて下さった。

ピアノを勉強していくには、たくさんの時間を要する。そのため、ほとんどの人は他の習い事との両立ができなくなり、やめざるをえない。石田絵理子バレエスクールでは、中学生から週三回以上のレッスンに行かなければならなかったが、ピアノのレッスン、コンクールなどで忙しかった私を理解して下さり、レッスン回数が週一回であっても、先生は私をみんなと同じステージで同じ演目に立たせて下さった。

「あなたは、振り付けの暗記も他の人よりも早いし、週一回しか来れないというのにもかかわらず、集中力でカバーすることができているから、同じ演目に出演することができますよ。頑張りなさい！」

と言って下さった。

ピアノを弾く上で、踊りはとても重要である。踊ることができる人にしか分からないリズム感、跳躍、また舞台での演じ方など、私は多くのことをバレエを通して学ばせてもらった。

今はバレエ教室には通っていないが、柔軟体操やレッスンを受けなくても不思議と足は上がり、なんなく踊ることができる。長年バレエを続けていたことと、サッカー選手であった父親から受け継いだ筋肉質の足のお陰であるに違いない。

今でも華奢な足の女性を見ると羨ましく思うが、人並み以上の体力と、未だにバレエを踊れることを思うと、次第にコンプレックスはなくなっていった。

しかし、ピアノの舞台では必ず、ロングドレスで良かった、と思うのである。

コンサート前に指を骨折

小学生に上がるとたくさんの友達ができ、六年生のお姉さん、お兄さんたちに憧れた。

後に担任の先生から聞いた話であるが、一年生の教室から校歌の伴奏が聴こえてくる……一体誰が弾いているのか、先生たちの話題になっていた。そしてある日、数人の先生が校歌の音を頼りに教室を覗きにやって来た。そこには、楽譜もないのに楽しそうに校歌を弾く私がいたそうだ。高学年の音楽委員のお姉さんたちが演奏する校歌を数回聴いて覚えてしまった私に、先生たちは驚いた。

小学校時代は楽しい思い出でいっぱいである。学校が終わると、ピアノ、プール、バレエ、習字、英会話など、毎日習い事に通っていた。友達から「一緒に遊ぼうよ」と誘ってもらうが、毎日習い事があり、一緒に遊ぶのは年に数えるほどであった。友達と遊ぶこと以上に、習い事に通うことが好きだったので、みんなと同じように遊べないことに辛い思いをしたことはない。

小学四年生のとき。隣の席の男の子とは仲良しであったが、よくからかわれてもいた。三学期末のある日、担任の先生に贈るクラスのみんなで書いた寄せ書き色紙が私のカバンの中に入っていた。

そのカバンを、その男の子がふざけて取り上げた。私は色紙を守ろうと思い、必死に取り返そうとして、カバンの引っ張り合いになってしまった。そして、男の子の力には勝てず、指をねじってしまったのだ。右手の薬指がみるみるうちに青く腫れ上がり、鉛筆を持つと激痛が走る。もしかしたらピアノが弾けなくなるかもと思い、ポロポロと涙を流していると、先生が気づき、急いで病院に連れて行ってくれた。

「どうして取り合いをしたの?」

と先生に聞かれても、内緒にしていた色紙のことを言えなかった。

検査結果は「骨折」であった。母も急いで病院に駆けつけて来ていた。次の日にコンサートがあること、今後コンクールなどが控えていることを母はお医者さまと話していた。

家に帰るとすぐ、男の子のお母さんから謝罪の電話があった。男の子は事の重要さに気づいて家で泣いているというのだ。母はその子のことを気遣い、何一つ責めることはなかった。そして、私に対しては、終わったことは仕方がないけれど……と、今後のために深く注意をした。何故、カバンの引っ張り合いをしてしまったのか、友達のせいではなく自分自身が招いた結果だ、と。

おもちゃを弟に踏まれて壊れたとき、私は弟を怒り、母に泣きついた。しかし、母は踏まれるような場所に置いていた私を注意した。母はそんな人である。

お医者さまからは、骨折が治るまで安静に、と言われた。次の日のコンサートは他の子に代わってもらったものの、問題は、全国大会まで進出していたピアノ・コンチェルトのコンクールの本番である。数週間後に控えており、指も治っていない時期であった。しかし、どうしても演奏したいという気持ちが強かった。東京行きの飛行機のチケットもすでに取ってあった。薬指が折れ、小指も一緒にギプスをしていたため、右手は三本指しか使えないのである。ピアノを弾くと痛みが走った。

三本指で弾くなんてできるわけがない、と周りの人からは猛反対された。しかし、逆風が吹くと久保山母娘は俄然《がぜん》やる気が出てしまうのである。お医者さまからは、一日三十分しか弾いてはいけない、と言われていた。

練習は痛さとの闘いであった。しかし、十本指で弾いていたものを八本指で弾くこと自体には、そんなに苦労しなかった。指揮者の先生とよく相談し、テンポの速い第三楽章は、本番では通常よりもテンポを落として演奏したが、何とか最後まで弾ききることができた。

もう怪我をしないように気をつけよう、と心に誓ったのだが、次の年、また大事なコンクールの本選前日に、男の子とバスケットボールをやっていたら突き指してしまった。なんて懲《こ》りない私であろう……。また母に迷惑をかけると思うと、本当のことを言えなかった。

しかし、母はいつもと違う私に気づいていた。腫れている指を見て母は尋ねたが、私は咄嗟《とっさ》に、

「知らないうちに指が太ってるんだけど、どうしたんだろう？　痛くないから平気だよ」

ととぼけた。母は何も言わなかった。

翌日の本番も最後まで弾いたが、本番後指は腫れ上がり、数週間弾けなくなってしまった。

弟とデュオでコンサート出演

骨折した薬指も時間とともに良くなっていった。ギプスも取れ、テーピングだけとなった。

三月末には東京で行われるピティナ・ピアノ・コンペティションの入賞者記念コンサートに出演することになっていた。前年の夏に弟の衆斗《しゅうと》とデュオ部門で最高位を受賞したためであった。もうテーピングだったし、デュオであったのでソロより負担は少なく、本番が楽しみだった。

しかし衆斗といえば、東京での大きな舞台での本番にとても緊張していた。当時、小学三年生の衆斗は、ピアノは好きであったが練習をせず、ゲームに明け暮れる日々であった。私が練習をして

いても隣でテレビゲームをするほどであった。母も私も呆れていた。

あまりに衆斗がゲームに熱中していることに母が激怒し、テレビゲームを庭に投げ捨てたこともあった。そんな衆斗であったが、ピアノを弾きだすと、彼の優しい性格が前面に音に出る。衆斗の音が大好きな人は多かった。

「今日はコンクールじゃなくてコンサート！　二人で仲良く手をつないで出てきてね！　ママ見てるからね！　バイバイ！」

と母は言い、いつものように客席へ行った。手をつないでいくなんてすごく嫌であった。衆斗は本番までゲームをし続けた。しかし、いつもと様子が違う。きっと、緊張をゲームで紛らわそうとしていたのだ。

「衆斗！　もうすぐ本番だよ！」

東京の第一生命ホールにて PTNA受賞コンサート（2003年3月）

「頭が痛い……」
と言って、衆斗はふらふらと歩く。
「もう！　ゲームばかりしているからだよ」と呆れるが、呆れていてもしようがない。二人で頑張ろうと気持ちを合わせ、舞台へ出て行く。衆斗の緊張が伝わってくる。曲目は「オール・アメリカン・ホーム・タウンバンド」。母がアメリカのバスティン先生の自宅でのセミナーに行ったときに楽譜を購入してきた。きっと、日本でこの曲を初めて弾いたのは私たちかもしれない。

終わった後、私は衆斗の手を握り、手を高く上げてお辞儀をした。聴きに来ていた家族や親戚は、私たちの演奏を喜んでくれた。骨折して一カ月、本番を無事に終えることができ、私はほっとした。

幼い頃の練習と本番

コンクール前になると練習時間も長くなる。コンクールの曲をより良く弾けるように、母はアドバイスをしてくれた。しかし、なかなか素直に母の言うことを聞けないときがあった。

二年生のある日、母と口論になった。母は私のドレスを次々にゴミ袋に詰め始め、ごみ捨て場に捨てに行ってしまった。こんなに怒らせてしまったなんて……様子を見計らって、父とこっそりごみ捨て場にドレスを取りに行った。母も内心、ホッとしていたに違いない。

小さい頃、練習をどのぐらいしていたか、と問われることがある。コンクールや本番がたくさんあり、曲をたくさん持っていたが、人が思うほど長くは練習していなかった。

母がピアノ教室のレッスンをしている間、他の部屋で私は練習をしていた。お互いの音はかすかに聴こえる。コンクール前、母は私が熱心に練習していると思っていた。しかし、練習をしたくない日もあった。

ある日名案が浮かんだ。私のピアノには自動演奏ができる機能が付いている。一つのメロディーを弾き、それを付点で弾いてみたり、遅く弾いたり速く弾いたり……何種類かのパターンを録音し、それを自動演奏に何度もすると、私が練習しているように聴こえると思ったのだ。その録音を何回も繰り返し、私は本を読んでいた。段々と自分がつまらないことをしていると気づいて反省し、練習を始めた。私なりにいろいろなことを経験し、学んだ。

本番は、私にとって自由になれる場所である。

コンクールに出ると、小学生の頃は舞台に出るまで、袖には先生かお母さんが子供に付いている。私の母が舞台袖に付いてくれた記憶はほとんどなく、頑張ってねー と言うと、心配する様子もなく客席に一直線である。それが普通だと思っていた私だが、周りを見るとほとんど親が付き添っていた。

ニューヨークにて，大好きなクマちゃんと（2010年５月）

本番前というのは緊張し、孤独を味わう。いつもお気に入りのぬいぐるみのクマちゃんを持ち歩いていた。そのクマちゃんが私の精神安定剤だった。本番直前まで緊張のあまり握り潰したので、何度も呼吸困難になったに違いない。

いつも離れず一緒にいたのに、高校生のある日、クマちゃんはいなくなってしまった。置き忘れることなんて一度もなかっただけにショックであったが、クマちゃんが、もうこれからは一人で頑張って！　と言っているように思えた。それ以来、付き添いは要らなくなった。

運命の授業、そして第一回チャリティー・コンサート

小学五年生の担任の先生は西岡美香先生であった。西岡先生のことはクラスのみんなが大好きだった。ある日の「総合」の授業。その日の授業の内容は「地雷について」であった。大きなスライドに映し出される悲惨な内容、私はその授業を聞いて衝撃を受けた。

当たり前だと思っていたことは、当たり前ではなかったのだ。自分の幸せな環境を実感した。世界では食べ物を充分に食べられない子供たちがいる……カトリック幼稚園に通っていたので、シスターがよく話していた。しかし、死と隣り合わせにある国があるということを知り、ますます衝撃を受けた。どこに地雷があるかわからないカンボジアでは、地雷を踏んでしまって手足を失った人、また最悪の場合は命を落としてしまう人がいるのだという。

西岡先生はこの事実をわかりやすく説明し、自分にできることを何でもいいから考えてみよう、と私たちに考えさせた。

私は帰宅して授業であった内容を母に話し、小銭を持って募金箱のあるコンビニへ行こうと急いだ。しかし、そんな私を見て母は呼び止めた。そして、

「コンビニの募金箱に募金するのもいいことだけど、西岡先生が言ったように、なっちゃんができ

ることを考えてみようよ」

と提案してくれた。

母と話し合い、小学六年の冬にチャリティー・コンサート第一回目が行われた。開催は二〇〇四年十二月二十二日であった。東京から祖父母も応援に来てくれた。

私の演奏だけではなく、プロの方々の素敵な演奏を楽しんでもらおうということになり、チェリストの有泉芳文さんとそのお友達をゲストにお招きした。

第一部はJ・S・バッハの「フランス組曲」、モーツァルトの「デュポールのメヌエットのための変奏曲」、ショパンの「三つのエコセーズ、バラード三番」、グリンカ作曲・バラキレフ編曲「ひばり」をピアノ・ソロで演奏した。

第1回チャリティー・コンサートでチェリストの有泉芳文さんと（2004年12月）

私のコンサートに入場料を払ってお客さまが聴きに来ていると思うと、失敗は許されない、良い演奏を届けたいと思った。そのため、緊張は本番中も解かれず、必至に弾いていたように思う。このチャリティー・コンサートをきっかけに、私の演奏活動は始まった。

第二部は、有泉さんとのチェロのアンサンブルでモーツァルトのピアノ・カルテット一番を演奏し、とても勉強になった上に楽しいステージを味わった。

募金も一万円程集まり、タイ北部の地雷除去事務局とユニセフへ送金した。送金後、地雷除去の事務局から感謝状が送られてきて、そこには、タイの子供たちの笑顔の写真とともに、「今のあなたができることをしてくれたことへの感謝」と綴られていた。少しでも役に立つことができた！　と実感した瞬間であった。お客さまは決して多くなかったが、無事にチャリティー・コンサート第一回目を終えたのである。

『月光の夏』との出会い

福岡の小・中学校での授業では、土地柄、夏が近づくと原爆、戦争についての授業が多くあった。また、毎年夏休みにも平和学習のための登校日があり、戦争について考える機会はとても多かった。佐賀県の鳥栖《とす》市で戦争中にあった実話を元にした『月光の夏』という映画がある。私が幼稚園の頃に上映された作品だ。戦争中、特攻隊に志願した芸大生が、出撃する前にもう一度ピアノを弾きたいと強く思い、鳥栖小学校にあったフッペルのピアノでベートーヴェン作曲「ピアノソナタ第十四番　月光」を弾き、日本の未来のためアメリカの軍艦に特攻機で突撃していく話である。

この話を知ったのは、「鳥栖こどもピアノコンクール」を受けたときだった。鳥栖であった戦争中の実話を、より多くの人に伝えるため、映画『月光の夏』の俳優さんたちが表彰式に出席していた。コンクールを受ける度に、平和の大切さを忘れないため、母と何度も『月光の夏』を観た。

中学生のある日、幼少期からお世話になっていた池川礼子先生を通して、ベートーヴェンの「月光ソナタ」を弾く本番を頂いた。その本番は、『月光の夏』の絵本（『ピアノは知っている――月光の夏』自由國民社）の朗読と、ピアノ演奏のコラボレーションであった。

鳥栖市のホールへ向かうと、大ホールが満席になっていた。

「一楽章を、この文章が終わりそうになったらフェードアウトしてね。三楽章はこの文章が終わったら弾きだしてね」

と言われた。私は戸惑った。朗読を聴きながら弾かないといけないのである。それはとても困難なことだったが、本番直前まで頭に叩き込んだ。

舞台は満月の照明が綺麗にセットされていた。初めての『月光の夏』の舞台。本番が始まると物語へと引き込まれていく。今まで味わったことのない空気であった。お客さまのすすり泣きが聞こえる。朗読を聴きながら演奏する私も、涙が溢れそうであった。

この本番を通して、チャリティー活動とは別に、平和を伝える活動もしたい、と強く思った。それ以来、『月光の夏』を通して〝平和のコンサート〟を始めることになった。

ピティナ・ピアノ・コンペティションへの挑戦

中学二年生の夏はとても思い出深い時期である。この年、ピティナ・ピアノ・コンペティションF級（高校三年生まで受験可能）に飛び級で挑戦した。全国大会まで行くことが目標であったが、このコンクールは世界一受験者が多いため、そう簡単に全国まで進出とはいかない。予選は二回とも通過。問題は本選である。予選を二回受けていたため、本選は南九州地区と九州地区の二地区で挑戦。

鹿児島地区の南九州（鹿児島での本選）からは一人、全国大会へ行くことができる。

母は、サマーフェスティバルの練習合宿での指導があったため、私が一人で鹿児島へ新幹線で行き受験することになった。鹿児島に到着すると、いつもお世話をして下さる出水恵美子先生が待っていてくれた。

受験曲はスカルラッティ作曲の「ソナタ」、サンサーンス作曲の「アレグロアパッショナート」で、楽しく演奏することができた。

しかし池川先生からは演奏後、「何故あんなに速く弾いてしまったの！」と注意された。当時の私は、何故先生から注意されたのかわからずにモヤモヤしていた。あの頃の私は、曲の流れを雰囲気で弾いていたため、結果、本番になると指が勝手に先回りし、高速テンポで弾いていたのだと思う。

結果は奨励賞。全国大会まで駒《こま》を進めることはできなかった。

私はこの頃、コンクールで結果が出ないと泣いていたことがあった。もし今の私が中学生の私にひとこと言うことができるのなら、「結果が出ないのは、努力も練習も十分に足りていないのだから当たり前」と言ってやりたい。

しかしこの日は、池川先生、出水先生に大変お世話になったのに、結果を出せなかったことに悲しくなった。せめて「さよなら」を言うまでは笑顔でいたかった……。

「トイレでドレスを着替えてくるね！」

と出水先生に笑顔を見せ、トイレのドアを閉めた瞬間、涙が止まらなかった。しかし新幹線の帰りの時間もあり、なんとか涙を止め、急いで出水先生のところへ向かった。先生は目を真っ赤にした私に気づいていたと思うが、いつものように優しく接してくれた。

帰りの新幹線で、疲れていた私は席に座るとあっという間に眠ってしまった。

「お客さん！　博多ですよ。降りてください」

駅員さんに起こされると、車両には私しかいない。急いで降りようと席を立ち上がった瞬間、足首をひねってしまい、捻挫してしまったのである。なんてついていない日なのだろう……と博多の夜道をひょこひょこと一人で歩きながら、また涙がこぼれた。

次の日からサマーフェスティバルの練習合宿に合流した。「少年少女みなみ」のメンバーで創作バレエ「ピーターパン」を踊る。私は主役のピーターパン。合宿では、振り付けの確認、練習の予定だったが、主役の私ときたら、捻挫のため、皆の踊りの指導をすることしかできなかった。

「少年少女みなみ」というのは、私が六歳のときに母が作った団体で、歌と踊りを中心に幅広い演目で舞台に立っている。私もみんなと一緒に歌ってきたが、ピアノ伴奏をすることが多かった。また、中学生からは楢崎彩さんとともに子供たちにバレエを教え、「くるみ割り人形」、「ピーターと狼」などを踊った。「少年少女みなみ」は三歳から高校生までと幅広い年齢層のメンバーであるため、振り付けは簡単ではない。いつも練習時間はあっという間に終わり、彩さんと私の場面の振り付けをするのは本当に限られた時間しかなかった。

そして数日後、コンクールの熊本での地区本選。ここを通過できなければ、私の今年のピティナの夏は終わる。何が何でも通過しなければ……。熊本での受験者は五十人程で、倍率は鹿児島以上であった。この前のようにテンポが速くならないよう気をつけた。

結果は優秀賞。無事に全国大会出場を決めた。喜ぶ暇もなく全国大会の受験曲の練習が続いた。

東京在住の二宮裕子先生にこの頃から見ていただいていた。先生のレッスンは、表現の仕方を何かにたとえて教えて下さるので、とてもわかりやすい。また、ピアニストとしても名声を上げられていた先生がレッスンで弾くピアノはとても素敵で、いつも聴き入ってしまう。

東京でのレッスンが終わり、気づけばサマーフェスティバルは数日後に迫っていた。ピアノの練習とバレエ、『月光の夏』のリハーサルで忙しい毎日であった。

サマーフェスティバル

そして、サマーフェスティバル本番。

ゲストは天才少女として名声を挙げていた小林愛実さん。彼女は山口出身、私の四歳下で、何度かコンクールで一緒になることもあり仲良しだった。二宮先生に習うきっかけになったのも、当時から二宮先生に習っていた愛さんのお母さまが紹介して下さったからである。愛さんがゲストだったため、二宮先生も東京からいらっしゃっていた。

小林愛実さんの素晴らしい演奏が終わり、「ピーターパン」が始まる。相方の彩さんが演じるフック船長と息を合わせて踊るが、二人での練習をする時間がほとんどなかったため、アイ・コンタクトで次の振りを確認しながら進めていく。こんなことができるのも、長年彩さんと踊ってきたからである。練習合宿の成果もあり、無事に「少年少女みなみ」のメンバー全員で「ピーターパン」を演じきることができた。

そして二部では、『月光の夏』を彩さんが朗読し、私はベートーヴェンの「月光ソナタ」を演奏。二人で作品を作り上げていく。

『月光の夏』が始まる少し前に鼻血が出てきてしまった。私は小さい頃から鼻血が出やすい体質であったが、本番前に出たのは初めてであった。なんとか鼻血は止まったが、ピアノを弾いている間にまた出てきたらどうしよう……と不安であった。母からは、「もし出てしまっても弾き続けなさい」と言われたが、お客さまからしたら、鼻血を出しながら演奏している姿はホラーでしかないと思った。

『月光の夏』が始まる。心配していた鼻血が出ることもなく、悲しいストーリーが多くの人々の心に響いた。サマーフェスティバルは大成功で終わった。

ピアノ・ソロ以外のこのような舞台を、私は今でもたくさん踏んでいる。母の提案で、『月光の夏』の後に『ぞうれっしゃがやってきた』という演目も新たに加え、セットで行うことが多くなった。

私は『月光の夏』でベートーヴェンの「月光ソナタ」を演奏し、『ぞうれっしゃがやってきた』への転換のナレーションの間に、ドレスからピエロの衣装に着替え、サーカスのシーンで踊るのである。

お客さまからは終演後、ピアノを弾いた後すぐに踊っていて驚いた！と声をかけてもらうことが多い。私としては、演奏もして踊る舞台は当たり前だが、ピアニストとして舞台に立ち、踊り出す人を私も未だに見たことがない。しかし、母は小さい頃からどちらも欠けることなく続けさせ、ピアノもバレエもできる私を作り上げた。

『ぞうれっしゃがやってきた』ではサーカス団役を担当。中央が菜摘（2006年８月）

ピティナ・ピアノ・コンペティション全国大会

サマーフェスティバルから数日後、東京でピティナ・ピアノ・コンペティションの全国大会が開催された。今日は結果を気にせず、この素晴らしいホールで楽しんで弾きたいと気合いを入れ、二十分間、四曲を弾ききった。池川先生や母もいつになく良い演奏であったと言う。私は無我夢中だったが、満足だった。

数日後、結果発表が行われた。結果発表の前の嫌な緊張は、何度経験しても慣れないものだ。次々とベスト賞、銅賞、銀賞と名前が挙げられていく。私の名前が呼ばれない。いや、次に必ず呼ばれる……そう心の中で信じた。次の瞬間、

「金賞、久保山菜摘」

本当に自分の名前が呼ばれた！　喜びを噛み締めながら舞台へ上がる。そこにはピティナ副会長である二宮先生が目を丸くして座っていた。

表彰式後、

「あなた！　数日前に福岡でピーターパンを踊っていたじゃない！　舞台へ上がってきたとき、緑の衣装を着たピーターパンにしか見えなかったわよ。二つのことをよくやり遂げたわね！」

とお褒めのお言葉を頂いた。この賞を受賞したお陰で、ネットや雑誌を通じ、たくさんの方に名前を知っていただき、未来の私に大変大きな影響を及ぼした。

ピティナ・ピアノ・コンペティション表彰式（2006年８月）

第２回チャリティー・コンサートでテノール歌手の勝田友彰さんと（2006年４月）

一度始めたことは続けていこう　第二回チャリティー・コンサート

二〇〇六年四月十六日、浄蓮寺ホール（福岡県春日市）にて第二回目のチャリティー・コンサートが開かれた。ゲストはテノール歌手の勝田友彰さん、ピアニストの重野友歌さん・文歌さんの姉妹。

第一回目の後、一度始めたことは継続していこうと母と決め、第二回目を迎えることになった。前回と同じようにゲストをお招きした。

勝田先生は佐賀県を中心にチャリティー・コンサートを開催され、全国各地で活躍されている。先生には歌を教えていただく機会もあり、ゲストとしていらして下さると決まったときは、共演できることが嬉しかった。

ピアニストの重野姉妹とは、小学校のときに杉谷昭子先生が連れていって下さったスロヴァキア・ツアーで出会った。年下の私を可愛がってくれ、今も家族ぐるみで仲良くしてもらっている。コンクールやコンサートで何度か同じ舞台に立ったが、毎回、重野姉妹の素敵な演奏に聴き惚れる。

一部は重野姉妹と私のソロ演奏、二部は勝田先生の歌。伴奏は私が担当させていただいた。

重野姉妹とは六手連弾も演奏し、とても楽しいコンサートだった。重野姉妹をはじめ、素敵な演奏をする先輩に憧れて私は成長していったと思う。一緒に演奏してもらうことで、たくさんの刺激をもらうことができる。

この回の募金もカンボジアの地雷除去のために送金した。この頃はコンクールでの舞台が多かった。チャリティー・コンサートは、コンクールとは違いのびのびと演奏することができる舞台であった。その後もチャリティー・コンサートを通して、舞台で演奏する自分をさまざまな面で磨き上げていくこととなる。

舞台での初めてのトーク　第三回チャリティー・コンサート

二〇〇七年五月二十五日、福岡市・あいれふホールにて第三回チャリティー・コンサートが開かれた。ゲストはピアニストの沼光絵里佳さん。池川礼子先生の愛弟子《まなでし》で、絵里佳さんに私はいつも憧れていた。

この日は鹿児島から池川先生も応援に来て下さった。その当時、クラシック音楽の大学を題材としたドラマ『のだめカンタービレ』が流行していた。主役ののだめがおなら体操を演奏するのだが、その曲は絵里佳さんが作曲したものであった。

一部は、絵里佳さんと私のピアノ・ソロ。二部は、二台ピアノで『のだめカンタービレ』で使用されて人気になったモーツァルトの「二台ピアノのためのソナタ」。そしてラフマニノフの「組曲第一番」の抜粋とルトスワフスキの作品を演奏。それまで二台ピアノをほとんど弾いたことのなかっ

第３回チャリティー・コンサートで
池川礼子先生（中央），ピアニストの
沼光絵里佳さんと（2007年５月）

た私に、絵里佳さんはコンサート当日まで、お忙しい中練習に付き合い指導して下さった。

この回初めて挑戦したのが、演奏の間にトークをすることだった。今の私は、お客さまからトークを褒めていただくことがある。それも何度も本番でトークを経験してきたからである。元々は人の前で話すことはとても苦手で、学校でみんなの前で発表する授業があると、その授業が始まったときからドキドキしているほどであった。

初めてのトークに、演奏すること以上に緊張した。間違えないように何度も練習するが、マイクを使っていたのにもかかわらず、声が小さく、何を言っているのかわからなかった、と母から言われた。

この本番以来、トーク術をいろいろな分野の方から学んできた。母からは、コンサート終演後、演奏のことよりも前に、トーク内容の注意を受けることが多かった。また、おじぎの仕方、歩き方など、お客さまに対する舞台人としての見せ方について、たくさんのアドヴァイスをもらった。

第一、二回目に募金を送金していたタイ北部地域の地雷除去は、すべての作業が完了したとの報告があり、第三回目の募金はＮＰＯエスペランサ、ユニセフ、盲導犬協会などへ送金した。

大きな分岐点

私が桐朋女子高等学校音楽科に行きたいと思ったのは、中学二年生の冬であった。それまでは、大好きな福岡から離れたくない、また音楽漬けになる生活にも少し気が引けていた。

中学二年生の夏休み、桐朋の夏期講習に行ってみたらとの軽いのりで、母に進められ行くこととなった。聴音、楽典、新曲視唱、ピアノ実技など、入試を模した試験がある。本格的に聴音、楽典、新曲視唱を勉強したことがなかったが、きっとなんとかできるだろうと変な自信があった。

桐朋の聴音は大変難しいと言われていた。

「Des dur　四分の三拍子　八小節」

あっという間に聴音が始まり、調号を書くのさえ間に合わず、音を取る以前の問題であった。テストの結果は散々なものであった。

また、新曲視唱ではアルト記号の課題があった。アルト記号というものを初めて見たのにもかかわらず、なりふり構わずト音記号で歌い出すと、試験官の先生方は呆れ顔で私を見ていた。

ピアノの試験は上位であったが、ソルフェージュの試験はひどい結果であった。しかしそれでも、ソルフェージュの勉強を始めることはなかった。中学時代にお世話になっていた中村順子先生から「早く始めた方がいい」と言われていたのに、のんびりと受験のことを考えていた。桐朋に行くとなれば、二宮先生門下に入りたいとは決めていたが、受験をすることに決断ができない私を見て二宮先生は言われた。

「音楽の道に将来進みたいと思うのであれば、高校から音楽学校で学ばないと間に合わないわよ」

その言葉を聞いて、私はやっと本質に気づいた。ピアノ漬けになるのが嫌だ、普通の学校に行き今まで通りの生活をしたいという、どこかしら音楽を勉強するには甘い考えであったことに気づいた。将来、音楽の道以外考えていないのに、何故迷う必要があったのだろう、音楽の世界に早く飛び込みたいと、考えが一気に変わった。中村順子先生も東京に出ることに賛成だった。

すべての人が高校から音楽学校に行かなければ将来音楽の道に進めない、ということは決してない。しかし二宮先生は、音楽と真正面に向き合うことを躊躇《ちゅうちょ》している私を見て、今後、音楽とどう付き合っていきたいのかを考え直すきっかけを作って下さったのだ。

今すぐ受験準備を始めなければ！と気合いが入ったのは中学二年生の冬であった。小さい頃から桐朋音楽教室に通う人、何年も前からソルフェージュを勉強して桐朋受験に備える人が殆どである。そんな難しい入試に一年で間に合うのか……私以上に周りの人が心配していた。

桐朋を受験すると決めてから、今までのピアノのレッスンに加え、ソルフェージュのレッスンに毎週通った。また月に一度、ピアノを二宮先生、ソルフェージュを四家ゆかり先生に習うため東京にも通った。

ピアノは今までのペースで練習すれば間に合うが、ソルフェージュはかなりのスピードでやらなければ難しいと言われた。

毎週、楽典の宿題がたくさん出され、レッスンに行くと音符を書いていくのも間に合わないほどの速さで聴音を繰り返しやっていく。書き切れないうちにノートを先生に持って行かれ、返されたノートは真っ赤になっていた。必死で音符を取っていくが、レッスンの厳しさに涙がこぼれたこともあった。

中学校での自主勉強の時間は、クラスメートが五教科を勉強するなか、一人だけ楽典の勉強をしていた。クラスメートは、見たことのない音楽記号、楽譜に、不思議そうな顔をしていた。音楽学校を受験する、また福岡から東京へ進学する生徒は珍しく、先生方はたくさんの資料などを調べて応援して下さった。

中学三年生の冬、再び講習へ行った。先生方に厳しい特訓をしてもらったことで、一年前の自分とは違うという自信があった。ソルフェージュの試験の結果は八十点台まで上がった。

これで受験はきっと大丈夫だ、と喜んでいる私を見て四家先生は、

「八十点取れたくらいで大喜びしないの！」

と釘を刺し、受験までまた厳しいレッスンが続いた。

桐朋女子高等学校に進学

先生方に大変迷惑をかけながら毎週厳しくレッスンしていただいたお陰で、晴れて私は、桐朋女子高等学校音楽科に進学することができた。自分の受験番号を見つけたときは本当に嬉しかった。

しかし、大好きな福岡、家族から離れるのはやはり寂しかった。いつも通っていた家から福岡空港までの間、母との別れが悲しくて涙が出た。母も泣きながら別れを告げた。東京では祖父母の家にお世話になることになり、新しい生活がスタートしたのである。

入学式。桐朋の音楽教室に通っていた人たちは、友人と楽しそうに話しているが、友人が一人もいない私はオロオロしていた。

そんな中、初めてできた友人はチェロ科の人だった。彼女との付き合いをきっかけに、同学年のチェロ科のすべての人たちと友人になり、そのつながりからヴァイオリン科の友人もたくさんできた。今まで福岡ではあまり見たことのないヴァイオリンケースを持ち歩く格好良い友人の姿に憧れた。

ピアノ科の人と友人になったのは相当後であった。たくさんの友人に恵まれたが、いつも一緒にいたのは弦科の友人であった。桐朋は、世界から見てもヴァイオリン科のレベルがとても高い。高校に入学する前から国際コンクールでの入賞歴を持った人もたくさんいた。仲の良かった人も、大学在学中にヨーロッパの難関の国立大学へ入学するほどの実力であった。

そんな桐朋ならではの素晴らしい環境に恵まれた私は、毎日たくさんの刺激を受けた。すぐに同級生とトリオを組み、たくさんの伴奏をする機会に恵まれた。ヴィエニアフスキやパガニーニなど、ヴァイオリン作品をたくさん作曲した作曲家の曲に触れることにとてもわくわくした。しかし、ヴァイオリンらしいヴィルトーゾの曲の速い音符を、聴き取ることが最初は難しかった。また、ピアノの打鍵と弦の音が鳴るまでの速度が違うため、最初は合わせるのに試行錯誤した。何度か合わせていくうちに、ヴァイオリンの特徴にも慣れ、演奏者を視界に入れなくても空気で伝わってくる音で合わせることができるようになっていった。

桐朋では前期と後期に一回ずつ実技試験がある。弦科の人たちは、伴奏者を学内で探さないといけない。一方、ピアノ科の人たちは、自分の実技試験のために時間を費やしたい。あまりアンサンブルに興味がない人もいた。弦科に比べ、ピアノ科は二倍以上人数がいるのにもかかわらず、伴奏をする人たちは学年のうち数人に限られていた。

私は、声をかけてもらえれば、学年に関係なく伴奏を引き受けた。試験前には、レッスンに一緒に着いて行き、アンサンブルの極意をたくさん教えてもらった。

試験において、高校生の頃伴奏を受け持ったのは二、三人であったが、年々人数は増え、大学四年のときには十五人以上引き受けていた。

声をかけてもらうと「いいよ!」とすぐに返事するが、みるみるうちにスケジュール帳が黒くなっていくと、自分の練習時間が少なくなっていくことに危機感を感じた。しかし、不思議なことに伴奏をたくさん受け持って忙しい方が、試験の成績が良かったのである。逆に練習時間がたくさんあると、だらけてしまう。忙しい中、今日は短時間しか弾けない!と気合いを入れて練習すると、集中力を高め、ノン・ストップで練習し続けていることが多い。

二宮裕子先生のレッスン

最初は月に一回だった二宮先生のレッスンが、桐朋に入学してから週一度になり、内容も本格的になっていった。

二宮門下は、ショパン・コンクールでの入賞歴を持つ関本昌平さんをはじめ、天才少女として知られていた小林愛実さん、コンクールでいくつもの結果を出し後にフランスへ渡ったロー磨秀君を筆頭に、門下の先輩方は皆さん優秀であった。そんな素晴らしい門下生がいる二宮門下に入れたことは、私にとってとても光栄なことであった。

二宮先生のレッスンに行くことは、毎週とても楽しみだった。しかし、最初の数年間は、部屋番号のベルを押すのにも緊張していた。毎週違う色ペンで書いてもらった先生からの注意書きを、ちゃんと直せたかを何度もチェックしてからレッスン室に入った。

二宮先生のおっしゃる注意やアドバイスは、その場ですぐに直すことのできる内容ではない。先生は、喩《たと》え話を上げて分かりやすく説明して下さる上、音楽のセンスが素晴らしい。未だに上手く音楽を表現できない私を見て、先生はそのメロディーをいとも簡単に素敵に弾いてしまう。

また、二宮先生について本当に良かったと思うことが、〝脱力〟の仕方を本格的に教えて下さったことである。先生からは今でも「まだまだね」と言われるが、数年前の私に比べ、弾き方は格段と良くなったことを実感できる。

何故なら、先生に習うまでの私は、無駄な力が体に入ったままで演奏していたため、長時間の練習は体に負担がかかり、頭痛、肩凝《こ》りが日常茶飯事であった。福岡で小学生からお世話になっている整体の先生に、このところ凝りがなくなり、弾き方が良くなってきているね、と指摘してもらえるほど、体の使い方が徐々に変化していった。

脱力をすると、力を使わず自分の腕の体重で音を出すため、ハンマーの当たりが良くなり、ホールの隅々まで音が響き、音量も自由自在となる。また、無駄な力が抜けたためか、不思議とミスも減っていった。二宮先生に習うまでは、繊細で綺麗な音で演奏をするのが大好きであった。ふわふわと弾いていた高校生の私に、先生は「もっとフォルテで！」と指摘する。しかし、大きな音で弾くフォルテにとても抵抗があった私は、これでもか！　とフォルテで弾いても、先生からＯＫをもらうことはなかなかできなかった。そんな私に先生は、

「脱力ができなければ何も始まらない」

と何度も教えて下さった。ゴルフ、野球、サッカー、バレエなど、どの分野でも〝脱力〟を本質からわかっている人だけが第一線で活躍することができるのだ、と。もちろん、脱力を習得すればすぐに一流になれるということではない。脱力を知り、さらに技術を磨かなければ、発展はあるところで閉ざされ、また後に体の故障へとつながっていく。

頭では理解できても、体で理解することは難しかった。何故なら、約十年間弾き続けた演奏スタイルが体に染み付いていたからである。そんな私に先生は、時間をかけて脱力を教えて下さった。また、先生はあまり褒めることがない。本当に良くなったときにしか褒めて下さらないのである。

「先週よりも良くなったわね」

と、レッスンの最初に曲を通した後に言ってもらうと、帰り道はスキップしてしまうほどの達成感があった。少しでも多く褒め言葉がほしくて、日々練習に励んだ。

作曲の勉強

高校二年生になり、チェンバロ、指揮、作曲のうちどれを副科で選択するか迷っていた。悩んだ結果、副科で作曲を選択し、音楽理論の授業で教えていただいていた森山智宏先生に担当教師をお願いした。森山先生の授業は、始まるととても速いスピードで行われ、そのテンポについていくのに私たちは必死であった。

高校一年の音楽理論の学期末テストは、作曲家の名前をスペールで百人書くという内容であった。スペールを覚える前に、百人の作曲家の名前を調べる作業から始まった。なかなか大変であったが、あのときのテストでの苦労があったからこそ、今では苦労なくスペールで作曲家を書くことができる。高校生の私にとって音楽の世界が広がっていった。

作曲に関して何もわからない中、毎週思いついた音符を譜面に並べレッスンに持っていった。自分で作曲をすることで、作曲家の偉大さを目の当たりにした。

毎年二月に作品提出をする。二十四のプレリュード、ピアノ・ソナタ、ヴァイオリンとピアノのためのソナチネ、ピアノ・トリオのためのソナタ、フルート・ソナタ。大学四年では未完成であるがピアノ四手の小品を書いていた。

レッスンに持って行き、自分の書いた曲を先生に弾いてもらうのはとても恥ずかしいものであった。先生は、私の思うように曲を書かせてくれるが、自分でも気づいていない癖や欠点など的確に指摘して下さった。それはピアノの実技と重なっていた。ピアノを弾いているときに何を重要視して、何が欠けているか、先生には私が書いた譜面を見ればすべてお見通しであった。作曲を勉強することで、実技を見直すことが何度もあり、先生からの意見はとても参考になることばかりである。

こうして作曲活動も私の生活の一部になっていった。

初めて東京で開催した第４回チャリティー・コンサートで祖父母と親戚，母と（2008年５月）

プリマヴィスタ・カルテットと共演　第四回チャリティー・コンサート

第四回目のチャリティー・コンサートは、二〇〇八年五月二十五日、福岡・南市民センター、二十七日、東京・杉並公会堂小ホールで開かれた。ゲストは、国際的に活動されているハープ奏者の池田千鶴子さんとポーランドより来日していたプリマヴィスタ・カルテット。

第四回目で初めて福岡、東京での二公演となった。桐朋に入学してから一カ月も経たない頃で、チラシを友人に渡すだけでも緊張したが、当日はたくさんの友人が足を運んでくれた。

一部は、池田さんによるハープの演奏。二部は、ドビュッシーの「喜びの島」を私がピアノ・ソロで演奏し、プリマヴィスタ・カルテットとドヴォルザークのピアノ五重奏を共演した。

プリマヴィスタとは小学生の頃から何度も共演していたため、本番では緊張することなく楽しむことができた。ピアノ・ソロの本番前はとても緊張するが、アンサンブルの本番前は緊張することがほとんどない。舞台で音楽を一緒に演奏する仲間がいると思うと、不安がなくなるからである。

この頃からチャリティー・コンサートの模様が新聞に掲載され、だんだんとチャリティー活動が知られていき、お客さまも増えていったのである。

大好きなベルリンへ

桐朋に入学して約半年が経とうとしていた。とても刺激が多く、恵まれた環境で勉強でき、毎日がとても楽しかった。しかし、ホームシックがなくなるまでには一年程かかった。福岡に帰りたい、家族に会いたい。福岡の小・中学校時代の友人との楽しい記憶を思い出し、何度も戻りたいと思った。住み慣れない東京。福岡にいたときは母が運転する車で移動していたが、東京では学校まで片道一時間をかけて通学することも苦痛であった。

そんなとき、小さい頃からアドヴァイスをいただいていたドイツ在住の福井博子先生が、秋にベルリンで国際コンクールがあるから受けにおいで、と声をかけて下さった。

福井先生からは、高校からベルリンに留学したらとても良いよ、と何度もお声をかけていただいていた。桐朋へ入学するか、ベルリンへ留学するか、とても悩んだ時期もあった。ドイツは何度か訪れたことがあり、ヨーロッパの中でも大好きな場所である。

母と何日か話し合い、ベルリンへコンクールを受けに行くことに決めた。しかし、経費節約のために、一人でドイツへ行くこととなった。初めて一人でドイツへ訪れたのは中学三年のとき。そのときも福井先生のレッスンを受けたくて一人で訪問した。二度目の一人旅になるが、英語もドイツ語もほとんど話せない私は、不安な気持ちでいっぱいだった。

成田からイギリスのヒースロー空港へ飛び、ベルリン行きの飛行機に乗り継ぐ。ベルリン空港では福井先生が迎えに来てくれることになっていたので、乗り継ぎさえなんとかなれば大丈夫だと思っていた。

ヒースロー空港に無事に着き、ベルリン行きの飛行機に乗り継ぎをしようとすると、なんとフライト時間が十分後に迫っていた。飛行機の到着が遅れていたのだ。日本にいる母に電話するが、相談したところで母は何をすることもできない。どうにか自分でしなくては……。辺りを見渡し、日本人の男性を見つけて事情を話し、カウンターで次の飛行機を予約していただいた。この方には何度お礼を伝えても伝えきれないほどお世話になった。

次のフライトまで三時間以上あった。初めてのヒースロー空港は、見るものすべてが刺激的であった。しかし、時間は有り余り、iPod に入っていたドボルザークの「新世界」を三回聴いて時間を潰した。今でも「新世界」を聴くと、一人寂しくベンチに座っていたヒースロー空港を思い出す。

無事になんとかベルリンに到着すると、福井先生が待っていて下さった。久しぶりの大好きなドイツの空気、雰囲気の中にいられることにすごく幸せを感じた。

ドイツにいる間は、中学三年のときと同じく、福井先生のピアノの生徒さんのグスタフ家にホームステイを受け入れてもらった。最初のとき、英語も話せない私は、ドイツ人の家族とどうやってコミュニケーションを取るのかとても心配であったが、グスタフ家のご家族は私を温かく迎え入れてくれた。二度目となると家族のように接してくれた。

スタインウェイ国際ピアノコンクール予選日。胸が踊った！　どんな舞台で弾けるのだろう、ピアノは素敵な音がなるといいな、と思いながらホールへ向かう。しかし、着いた先はホールでもサロンでもなく、スタインウェイの楽器店であった。期待していただけにテンションが下がってしまった。

会場へ入ると、三人の審査員が座っていた。赤い絨毯が敷かれ、スタインウェイのピアノが十台以上置いてあった。

曲目はハイドン作曲「ピアノソナタ Hob.XVI:52 Es dur」の一楽章。最初の和音を弾いた瞬間、目の前がキラキラと輝いた！　私が表現したい音色、タッチを自由にコントロールできる素晴らしいピアノであった。また、反響板も無い普通の部屋であったのにもかかわらず、ホールで弾く以上に気持ちの良い響きのある空気感であった。

コンクールだということを忘れ、この素晴らしい空間で演奏していることの幸せを噛みしめた。ヨーロッパの空気、空間を身体中で味わった。

予選は無事に通過。

一度日本に帰国し、一カ月後、またドイツへ戻り、本選を迎える。本選の会場はベルリンフィルハーモニーが拠点とするホールであり、客席が三百六十度舞台を取り囲む。

本選へ進出したのは六人、日本人は私だけであった。演奏したのはリスト作曲「ラ・カンパネラ」。今では本番で三桁の回数を弾いてきたが、そのときは初めてだった。

演奏後は拍手喝采のカーテンコールで、何度も舞台へ呼ばれた。日本では拍手を禁止されているコンクールもあるが、ヨーロッパでは、気に入った演奏者には惜しみなく拍手を贈るのである。

結果は二位（第一位はドイツ人）、聴衆賞、コンサート賞を受賞。異国でのコンクールで聴衆賞を頂けたことはとても嬉しかった。

ドイツは私にとってたくさんの思い出が詰まった国であり、お金と時間があれば今すぐにでも飛んでいきたい大好きな場所である。

コンサート賞を受賞したことで、一月にベルリンでコンサートに出演できることになった。

しかし、その頃、祖父の病気が悪化していた。ドイツへ旅立つ前、入院している祖父に大きなトランクを持って会いに行く。祖父はいつものように笑顔で見送ってくれた。

ドイツでのコンサートは大成功であった。大好きなドイツにまた来ることができ、続けて三回も福井先生やグスタフ家の人たちに会えるなんて、とても幸せな日々であった。

日本へ帰国し、またいつもの学校生活に戻る。学校帰りに病院に寄り、祖父の笑顔を見てほっとして帰る日々が数週間続いた。

おじいちゃんを思い浮かべながら……

ある日祖母から、

「お医者さまからおじいちゃんの余命宣告を受けた。あと十日……」

仕事が忙しい母も東京に駆けつけた。

宣告を受けてもいつもと何も変わらない祖父を見て、余命があと数日なんて何かの間違いだと思った。母と祖父のお見舞いに行き、いつものようにたわいのない話をし、バイバイした。

家に帰宅し、ふとメロディーが頭に浮かんだ。急いでピアノに向かうとスラスラと曲ができていった。ハ短調四分の四拍子。Cの音を中心にメロディーが発展していく。出来上がった曲を母に聴かせると、

「とても良い曲だけど葬送行進曲みたいだね……」

孫に囲まれたおじいちゃん（2002年3月）

しばらくすると祖母から電話がかかってきた。おじいちゃんの様子がおかしい……。

母と病院へ駆けつける。笑顔のおじいちゃんがいつものように待っていてくれると信じた。

おじいちゃん！

いつものように笑顔で迎えてくれるおじいちゃんはいなかった。目を見ても焦点が合わず、呼びかけても返事をしてくれない。

おじいちゃん、おじいちゃん！ ……ありがとう。

母も私も、何度も「ありがとう」と呼びかけるが、おじいちゃんは返

事をしてくれない。

おじいちゃんは数分後、天国へ旅立っていった。

祖父がなくなる前に出来上がった曲は、今でも私にとって大切な曲である。この曲をおじいちゃんのことを想いながら弾くことが、私にとって追悼である。その作品に母が「題名を」と言うので、「祈り」という名前を付けたが、私は基本的に曲に名前を付けたくない。名前を付けてしまうと、ある程度の意味が定着、イメージされてしまうからだ。

題名を付けないことによって、言葉という縛りから解き放ち、音でおじいちゃんへの想いを紡ぎ出すことができる。

おじいちゃん、ありがとう……本番前に必ずおじいちゃんのことを思わないときはない。

バレエをコンサートに取り入れる　第五回チャリティー・コンサート

第五回目は二〇〇九年四月三日、福岡市・あいれふコンサートホールにて開かれた。ゲストは、声楽家の渋谷ちかさんとバレリーナの光永祐香里さん。

渋谷先生は、私が小学校の頃からお世話になっている方で、母が「少年少女みなみ」を設立して間もない頃の公演『ヘンゼルとグレーテル』で魔女役として出演してくれた。グレーテルを私が、ヘンゼルは衆斗が演じた。魔女役であった渋谷先生は、黄色いカツラと黒いマントをかぶり、それ

第5回チャリティー・コンサートで渋谷ちかさん（左），光永祐香里さん（右）と（2009年4月）

は怖い魔女そのものであった。小さかった私は魔女を演じる先生が怖かった。

第一部では、定番となっている私のピアノ・ソロ。第二部は、バレエと歌とピアノのコラボレーションであった。この回での新たな試みは、バレエをコンサートに取り入れるということであった。私がリストの「ラ・カンパネラ」を弾き出すと、ピエロを演じる佑香里先生が舞台袖から登場する。先生が振付師に振り付けを依頼し、このコンサートのために新作を作って下さったのだ。ピエロが鍵盤に取り憑《つ》かれ動けなくなってしまったのを、私がピエロの背中についているネジを巻き直すというパントマイムも組み込まれていた。

また、アンコールには私のピアノで渋谷先生が「アヴェマリア」を歌うが、途中から佑佳里先生がピアノを弾いている私を誘い出し、バレエを二人で踊り出すという演出であった。これも母の提案であった。ピアノを弾いている途中からバレエを踊り出すということに私は抵抗があったが、母の強い想いを受け入れ、踊ることになった。このコンサートの前日は夜中まで佑香里先生と練習をし、終わった頃には私の誕生日の日付に変わっていた。

チャリティー・コンサートも五回目となり、募金の金額も少しずつ増えていった。クラシック・コンサートに対して堅いイメージがあるお客さまにも、今までになかったアイディアを母が提案し、お客さまに楽しんでもらうことができた。

〝平和の祈りコンサート〟

第五回チャリティー・コンサートに来てくれた母の知人が、「音楽を通して平和活動をしているグループがいるから、ぜひ聴いてほしい」と「オペラユニット LEGEND」を紹介してくれた。「オペラユニット LEGEND」は、オペラ歌手の男性五人と二人のピアニストで活躍しているグループ（メンバー全員、母と同じ国立音大出身である）である。

この年から、チャリティー・コンサートとは別に、〝平和の祈りコンサート〟を開催する運びになっていた。そのゲストがLEGENDであった。

コンサート初日は長崎。八月九日、長崎に原爆が投下された時刻にサイレンが鳴る。ロビーに着くと、LEGENDのメンバーの方々が黙禱《もくとう》をしていた。出会いは黙禱から始まった。早速、ピアニストのお二人と演奏をする六手連弾の合わせが行われた。曲目はモーツァルトの「トルコ行進曲」を超絶技巧にアレンジされたヴォロドス編ピアノ・ソロを、六手に編曲されたものであった。

コンサート数日前に譜面が送られてきた。必死に読譜読みをしたが、超絶技巧のパッセージに苦戦し、当日まで不安要素が残っていた。

必死に弾く私を、お二人はしっかりと支えてくれ、またテンポがどんどん速くなると、LEGENDの皆さんが手拍子をしてテンポを整えて下さった。短時間しかなかったリハを何とか終え、一安心した。

第一部は、ベートーヴェン作曲「ピアノソナタ第二十一番　ワルトシュタイン」とショパン作曲「バラード三番」を演奏した。

第二部は、LEGENDのリーダーの吉田知明さんの朗読と私のベートーヴェンのピアノソナタ「月光」で、『月光の夏』を。吉田さんの朗読はとても素晴らしく、鳥肌が立った。LEGENDの素敵な歌でお客さまは大喜びし、アンコール。不安であった六手の「トルコ行進曲」も、必至ではあったが楽しんで弾くことができた。ピアニストのお二人の迫力に負けないよう一生懸命に弾いた記憶が残っている。

長崎公演が終わり、次の公演の鳥栖へと急いで移動する。今では当たり前となっているが、一日二公演するのは初めてで、とてもハードな日だった。長崎・鳥栖（八月九日）、鹿児島（八月十一日）と計三公演を無事に終了することができた。

LEGENDのステージはとても華やかで、お客さまに楽しんでいただくための演出が工夫されていた。リーダーのトーク術は大変素晴らしく、舞台裏で勉強させて頂いた。

また、ピアニストのお二人とは、ピアノ・デュオでの共演、作曲家である中村さんの作品を演奏させていただいたりと、たくさんの刺激を頂いた。高校生だった私を新たな世界へと導いてくれる存在となった。

福田靖子賞への想い

小学生の頃から、「福田靖子賞」というコンクールを受けることにずっと憧れていた。このコンクールは二年に一度あり、海外から来た著名な三人の教授のレッスンを一回ずつ受けることができる。公開レッスンが数日行われた後に練習日が一日挟まれ、練習の成果をコンクールの舞台で発揮する。

小学生のとき、公開レッスンを何度か聴講しに母と会場に足を運んだ。素晴らしい演奏をする年上の方たちのピアノを聴いて、いつか私も絶対にこのコンクールを受けたい！ と強く思った。また、故・福田靖子先生には六歳のときにロシアのツアーに連れて行っていただき、とても可愛がってもらった。先生に大きくなった私の演奏を天国から聴いてもらいたい！ と強く願っていたものだ。

福田靖子賞は、まず書類審査で出場者が絞られる。書類は無事に通過することができ、ベートーヴェン作曲「ピアノソナタ第二十一番　ワルトシュタイン」と、ショパン作曲「バラード三番」で受けることとなった。公開レッスンでは、素晴らしい先生方のレッスンを受けられ、とても充実した数日であり、入賞することができた。

このコンクールの特徴は、入賞後、さまざまな面で手厚いサポートをして下さること。私は、翌年の高校三年のときにニューヨークにて、アメリカン・ストリング・カルテットとシューマンの「ピアノ五重奏」の共演、また、ピアノ・ソロ、邦人作品を演奏するコンサートの機会も頂いた。お話を頂いてからすぐにコンサートの曲に取り組んだ。

邦人の作品は、副科作曲の森山智宏先生の作品と、その当時国立音楽大学院で作曲を勉強していた中村匡宏さんの「プレリュード」という作品にした。

この頃まで、近現代の作品に触れる機会がほとんどなかった。中村さんの曲は大変難解なものであり、譜面とにらめっこの日々であった。出だしは音数も少なく、スラスラと読んでいくが、どんどん和音、リズムがややこしくなっていき、最大の盛り上がりは五段譜で書かれていた。初めて見た五段譜に圧倒されながら、一段ずつ譜読みし、縦に少しずつ合わせていく。譜読みに困ったことのない私だが、この曲に関しては例外であった。

しかも、この曲は超絶技巧で書かれている上に、曲の内容がとても難解であった。この難解なプレリュードがある程度弾けるようになるまでの一週間は、寝ても覚めても頭の中はこの曲でいっぱいであった。

曲を勉強するときには、私はまず何人かのピアニストの演奏を聴いて参考にする。しかし、この曲は誰も弾いておらず（今でも私以外に演奏している人はいない）、頼るものは楽譜と作曲家中村さんだけ。誰も弾いていない曲を演奏するのは初めてであり、このプレリュードの〝味見〟を私が初め

福田靖子先生と，モスクワ音楽院内ラフマニノフホールのラフマニノフの像の前で（1998年11月）

てできることに心が躍った。初演は最高の演奏でこの世に響かせたいと思い、練習に励んだ。

過酷だった譜読み期間も終わり、中村さんに演奏を聴いてもらい、たくさんのアドバイスを頂いた。それは、この作品、また現代音楽のリズムや和音などについてであった。高校生の私にとって現代音楽は苦手であり、未知の世界であったため、少しでも多くのことを吸収したかった。この曲を機に、現代音楽の面白さに惹かれていった。

中村さんのご指導のお陰もあり、ニューヨークでの初演は、評論家からも、お客さまからも大絶賛で、新聞にも載った。貴重な初演の舞台の経験を頂いたことにとても感謝した。異国のニューヨークで中村さんの素晴らしい作品をお客さまに感動してもらえ、私は演奏家としての役目を果たすことができたことに安堵した。

もう一つの演奏会は、ニューヨーク在住の早水和子先生がプロデュースする、ヨーロッパから運んだ古い豪邸でのコンサートで、シューマンの「ピアノ五重奏」を演奏した。

アメリカン・ストリング・カルテットは、ピアニストでもなかなか共演することができないほど人気のあるカルテットだと聞いていた。そんな素晴らしい方たちと共演させていただけることは光栄であったが、私では力不足ではないかという不安もあった。

ニューヨークに行くまでに、学内の友人とこの曲を一緒に勉強した方がいい、と二宮先生からアドバイスを頂き、早速メンバーを探した。

よく一緒に演奏をしていた同級生の赤間美沙子さんがファースト・ヴァイオリン、桐原宗生君がセカンド・ヴァイオリン、犬嶋仁美さんがヴィオラ、そして赤間さんの紹介で、先輩の三井静さんがチェロを担当してくれることになった。

すぐに練習を始め、二宮先生やピティナ公開レッスンでエヴァ・ポヴォッカ先生のレッスンも受けた。ニューヨークに行くまでに友人たちと何度も練習をし、シューマンを通してアンサンブルの勉強を本格的にすることができた。

お陰でアメリカン・ストリング・カルテットの方々との合わせはスムーズに進み、コンサートではプロの音楽家と共演できる素晴らしい舞台を楽しんだ。

音楽のパートナー

音楽とは、私にとってとても興味深いものだ。例えば、自分自身で意識をしていなくても、自分のキャラクターをいつのまにか作り上げている人がいる。しかしそんな人でも、音楽を演奏すればその人自身の本質が丸裸になる。

また、仲の良い友人とアンサンブルをしても、必ずしも波長が合うとは限らない。もちろん反対のケースもある。アンサンブルをする際、お互いの音楽を感じ合ったり、自分にない表現、技術を持ち合わせている相手を尊敬をしたり。ピアノ・ソロでは味わえない刺激をもらえる。私は、言葉以上に相手と通じ合える音楽で、お互いの音楽を共有するアンサンブルが大好きである。

私は今までたくさんの素晴らしい共演者と本番を行ってきた。そんな中、お互いの音楽への想いを摑み取るように分かり、二人の音楽が重なり合うことのできるパートナーに巡り会えた。言葉で表すことは難しいが、このようなパートナーとは、言葉も時間もほとんど必要とせず、音楽を演奏している間は、自分を自然体のまま音楽の流れに身を任せ、ストレス・フリーで演奏することができる。日常生活では味わうことのない感覚を味わうのだ。

そんなフィーリングの合う音楽のパートナーは、今現在、片手の指の数に収まってしまう。そのうちの一人はピアニストの大井健さんである。

大井さんと初めて演奏したとき、他の共演者とは違う感覚で弾いている自分に気づいた。彼との演奏は、ソロを演奏するときと同じように、自然体で音楽を表現することができるのである。

大井さんとの練習は、いつも二、三回通すと終わってしまう。演奏し始めれば、お互いの音楽を感じ、事細かな合わせや打ち合わせは必要がない。これまで、大井さんとのピアノ四手を舞台で共演できる機会に恵まれ、たくさんの本番で演奏してきた。演奏中はお互いの音楽に身を任せ、何にも取り替えることのできない素敵な時間であった。

また、シューマンのピアノ五重奏を勉強した後、三井静さんとデュオで演奏する機会にたくさん恵まれた。九州で母が開催するコンサートや学校での訪問コンサートなどにもよく来てもらっていた。

彼との初めてのデュオの曲はショパン作曲「華麗なるポロネーズ」。デュオの初合わせにわくわくしていたが、練習が始まると、

「今の出だし、いいと思う？　もう一回弾いてみて」

と二小節目で止められてしまった。気合いを入れ直して弾き直すが、

「うーん……なんか違うと思う。録音するから自分でよく聴いてみて」

自分では良く弾けていると思っていたので、何故止められるのかわからなかった。音色、休符の取り方、曲のイメージなどを話し合う。この日は二時間合わせをしたが、見開き一ページも進むことができなかった。

福岡市内のサマーフェスティバルにて大井健さん（右）の指揮でグリーグのピアノ・コンチェルトを演奏。三井静さん（左）はチェロ協奏曲を演奏した（2011年７月）

その当時の私は、分析、裏付けもせずに感覚に任せて雰囲気だけで弾いていた。しかし、三井さんは真逆であった。作曲者の意図を汲み取るために、楽譜を事細かく分析し、曲の時代背景、作曲者の生い立ちなどを調べ、そこから一つずつの音に想いを入れていっていた。そのため、三井さんはその当時から彼にしか出せない素敵な音色の持ち主で

あった。素晴らしい才能をたくさん持ち合わせた人であり、努力の人でもあった。

しかしその頃の私は、努力をすることが嫌だった。自分の持ち合わせた器用さと少しの才能で、短時間で音楽を作り上げていた。

私と三井さんは性格、演奏、価値観など、あらゆる面で考え方が反対であることが多かった。だが三井さんのお陰で、音楽の学び方、練習の仕方を見直すきっかけとなった。また、自分が持ち合わせていない才能を持っている彼の素晴らしい演奏、また努力する姿に尊敬の念を持った。

高校三年から大学二年ぐらいまで、学校での訪問コンサート、ホールでのコンサートなど、舞台の内容はいろいろであったが、今までに三桁に近い回数を一緒に本番で演奏してきた。

音楽に対してストイックな姿勢で向かい、一緒に演奏する度にレベルアップしていく三井さんを見て、私も置いていかれないようにと必死に勉強した。それ以前の私とは比べられないほど、真面目に努力し、練習に励むが、追いつくことはなかなかできず、毎日音楽と真正面から向き合った。

桐朋に入学し、三井さんに出会えなければ、今の私はいなかったと断言できる。彼のような素晴らしい友人と出会い、刺激を受け、また、お互いに素晴らしい音楽家を目指し、切磋琢磨したことはとても貴重な日々であった。

三井さんは、日本音楽コンクール・チェロ部門で三位に入賞、現在、ザルツブルクのモーツァルテウム音楽院で勉強している。

これからも、このようなパートナーに出会っていきたい。

学校でのアウトリーチ・コンサート

アウトリーチ（学校訪問）・コンサートは、舞台に対しての姿勢を考えさせられる機会となった。子供たちの反応はとても素直である。

高校生の頃、九州でたくさんの訪問コンサートを行っていた。小学生のみんなに、クラシック音楽に少しでも興味を持ってもらいたいと思い、ショパンの「小犬のワルツ」、「幻想即興曲」など、みんなが知っている曲をプログラムに組み込んだ。また、クラシックの「四期時代」の説明を演奏の間にしていくと、子供たちは真剣な眼差しで聴いてくれた。

真剣に聴いている子が大半であるが、おしゃべりしたり、ジッとできない子もいる。最初の頃は、そうした子の反応がとても気になり、派手に弾いたり、テンポを速く弾いたり、私の演奏に興味を持ってもらえるようオーバー・アクションで弾いた。受けは良くなったが、演奏の質は落ちていった。また、高校生の頃から本番の回数が増えていった。そのため、集中力、質を保つことが難しかった（体力だけはい

大分県日田市での小学校訪問コンサート（2009年春）

つも保たれていた）。

いろいろな場所で弾くとき、お客さまによって、名曲ばかりにしたり、トークの内容を面白くしたり、クラシックを簡単に分かりやすく聴いてもらえるよう内容のレベルを落としていった。そのことがいいことだと思っていた。

しかし、たくさんの舞台で弾いて分かったのは、どんな場所、お客さまでも、質の良い、曲もしっかりとしたプログラムである方がいい、ということだ。お客さまが作り出す雰囲気は、舞台にいる演奏者に直に伝わる。演奏者自身が音楽に没頭し、楽しんでいなければ、お客さまは私たちの演奏から目を背けてしまう。

また、小学校でのアウトリーチ・コンサートでは、何度かハプニングに見舞われた。ピアノの椅子が壊れていて調節ができないという程度では、私は驚かない。しかし、打鍵すると鍵盤がなかなか上がってこないピアノには困った。上がってこない鍵盤の音は、運悪く、その日の演奏曲で頻繁に弾く音であった。

また、大分県の山の奥の小学校へ行ったときのこと。この日は、私が作曲した高音からだんだんと低音へ移っていく曲を演奏した。真夏であったため、蝉の鳴き声が体育館中に響きわたっていた。

曲が進むにつれ、低音の方の鍵盤を見ると、巨大な亀虫が私の手をめがけて歩いてくるのだ。虫が嫌いな私は叫び出しそうになったが、そのまま演奏を続け、母や学校の先生に口パクで「かめむし、かめむし！」と必死で訴えた。気づいた教頭先生が長い棒で取ってくれ、演奏を続けることができた。

また、三井さんと幼稚園に行ったときにもハプニングがあった。子供たちは初めて見る大きなチェロに釘付けだった。しかし、演奏が進むにつれ、三井さんの演奏が不安定になり始めた。終演後に聞いた話だが、三井君の前にいた子供が演奏中にお漏らしをし、そのにおいに耐えきれなかったようだ。

また、私はアウトリーチの本番で、猛暑と極寒の中でも演奏をした。猛暑での本番は佐賀のある小学校で、夏休みに体育館で行われたときである。その日はショパンの「アンダンテスピアナートと華麗なる大ポロネーズ」を十五分間弾き続けた。あまりの猛暑に、身体中から汗が流れ落ち、鍵盤に飛び散るほどであった。演奏後、ドレスは汗でびっしょり。

また、極寒での本番では、鍵盤に手を置くと、指が今までに見たことのないような紫色に変わっており、弾き始めると自分の手ではないかのようにコントロール不可で、必死で指を動かし続けた。

このようなさまざまな舞台で、お客さまの前で演奏させてもらったことは、今の私に役立っている。いつどんな状況、環境であっても、最高の演奏ができるようにと鍛えられた。

「オペラユニット LEGEND」と 第六回チャリティー・コンサート

第六回目は二〇一〇年四月十一日、福岡銀行本店ホール（福岡市）にて開かれた。ゲストは「オペラユニット LEGEND」。

この日のプログラムは盛りだくさんであり、三部構成であった。

第一部では、私のピアノ・ソロ、そしてニューヨークで演奏した森山智宏先生、中村匡宏さんの作品を演奏した。LEGENDのピアニストとして中村さんが参加していたので、第一部では作曲家として解説をしてもらった。

第二部は、ピアニストの中村匡宏さん、大井健さん、私の三人で、四手や六手のアンサンブル・プログラム。

第三部は、LEGENDの華やかな舞台。

平和の祈りに引き続き、LEGENDの皆さんとご一緒でき、舞台の演出の仕方、トークなどを勉強させていただいた。ファンの方々が各地から足を運んでこられ、今までにないムードの盛り上がりであった。

「オペラユニット LEGEND」と（2010年4月）

米良美一さんをお迎えして　第七回チャリティー・コンサート

第七回目は三カ所で開かれた。二〇一一年四月二十二日、福岡少年科学文化会館、二十三日、鹿児島県姶良市・加音《カノン》ホール、二十九日、大分県日田市・パトリア小ホール。ゲストは米良美一さん、西岡美香先生。

第一部は、西岡美香先生による、私が五年生のときに受けた平和授業の再現と私のピアノ・ソロ。お客さまは西岡先生が行う地雷除去の話に聞き入っていた。

第二部は、『もののけ姫』の主題歌を歌われて大ヒットした米良美一さんに来ていただいた。米良さんのような素晴らしい方をお招きすることができ、客席は満席であった。

何故、米良美一さんのようなビッグ・スターをお呼びすることができたのか、と知人に尋ねられる。それは、母の行動力であった。

第7回チャリティー・コンサートで米良美一さんと（2011年4月）

福岡市で「少年少女みなみ」が出演するイベントに、米良さんがゲストとして出演されていた。米良さんの素晴らしい歌声を聴き、母も私も虜《とりこ》になっていた。また米良さんのお人柄、楽しいトークにも惹きつけられた。
コンサート終演後、米良さんをゲストにお呼びしたい！　と母は言うと、すぐ米良さんの関係者を探し出した。母は、思ったら後先構わず行動する人である。私は慎重に行動するほうなので時々意見が分かれるが、母の想いの強さにはいつも完敗である。チャリティー・コンサートのゲストとしていらしていただきたいとお話し、あっという間に名刺交換が始まった。芸能人のマネージャーとやりとりをしている母を見て、私は驚いた。あのとき以上に母の行動力に圧倒されたことはない。コンサートでは米良さんの歌の前に、朗読とピアノのコラボレーションもしていただいた。チェルノブイリであった被害を本にしたもの（『わたしたちの涙で雪だるまが溶けた――子どもたちのチェルノブイリ』梓書院）を米良さんが朗読し、私は内容に合う自作の曲を演奏した。

この年はチェルノブイリ原発事故から二十五年目であったため、あの悲惨な事実をみなさんが思い出すきっかけになるようにと、この本を取り上げることになっていた。

コンサート開催一カ月前の三月十一日、東北大震災が起こった。日本全体でコンサートは自粛モードになっていて、チャリティー・コンサートも開催が危ぶまれた。しかし、そのようなときだからこそ、少しでもお客さまに元気になってもらい、募金を被災地に送りたいと思い、コンサートを開催した。集まった募金は、東日本大震災基金とＮＰＯチェルノブイリ医療支援ネットワークに送金した。

この公演をきっかけに、米良さんとはチャリティー・コンサート以外にも、東京、静岡（焼津市では父方の家族が多大な協力をしてくれた）、長崎などの各地でコンサートを行い、音楽の面以外でもたくさんのことを教えていただいた。

「なっちゃん！　クラシックもいいけど、日本人として、日本の音楽の良さを伝える演奏家にもなってほしいな。だから僕は昭和歌曲を歌うんだよ！」

米良さんは昭和歌曲の名曲をプログラムにたくさん取り入れていた。平成生まれの私には縁がないと言ってしまえばそれまでだが、米良さんの歌を聴いて昭和時代の素晴らしさを感じたのである。イベントマネージャーの方から米良さんを通じ、菅原洋一さんとの共演の機会も頂いた。米良さん、菅原さんとご一緒させていただくことで、昭和の音楽に触れる貴重な経験をした。

ダンス・パフォーマンスを盛り込む　第八回チャリティー・コンサート

第八回目は二〇一二年四月二十一日、福岡市・少年科学文化会館で開かれた。チャリティー・コンサートも回を重ね、音楽家だけではなく、毎年さまざまな分野のプロフェッショナルな方々に来ていただくことができ、お客さまの層も幅広くなっていった。

ゲストはダンスパフォーマンス・ユニット「ソウルスプラッシュクルー」。全米一位の経歴を持つ素晴らしいダンサーの方々であった。華やかな照明と音響効果。今まで私はバレエ以外のダンスを観る機会がなかったが、彼らのきれのある素晴らしいダンスに釘付けとなった。

ソウルスプラッシュクルー（オフィス ソウルスプラッシュ提供）

第一部は私のピアノ・ソロ、第二部はダンスパフォーマンス。私のクラシックの演奏を聴きに来られたお客さまが、普段観たことのない刺激的なステージのパフォーマンスに驚いていた。そして、彼らの作り出す舞台に惹きつけられていた。

また、このコンサートには、その後のチャリティー活動に大きな影響を与えて下さっている「アンデスの風」の山崎和幸さんが来場されていた。

チャリティー・コンサートを開催する度に、素晴らしい方々と出会い、ご縁が広がっていく。それは偶然のようでもあるが、必然としてやって来ている、と母は私に言う。今もチャリティー活動を続けることができるのも、たくさんの方々のご協力の上で成り立っている。

Roseヨーコさんとのコラボも　第九回チャリティー・コンサート

第九回目は二〇一三年三月三十日、大分・パトリアホール、四月二十七日、福岡銀行ホールの二カ所で開かれた。ゲストはピアニストの高雄有希さん（大分公演特別出演はテノール歌手の小堀勇介さん）。

高雄先生は若い頃からドイツへ留学し、世界的に活躍するピアニストとして知られている。母と小さい頃から高雄先生のコンサートに足を運んでいた。小学三年生から母の友人の紹介で、先生に何度もレッスンをしていただいた。小さい頃から憧れていた高雄先生との二台ピアノでの共演は夢のようだったため、練習のときから緊張していて、素晴らしい先生のテクニック、音楽についていくのに必死であった。先生との共演は、今までに感じたことのない別世界へ連れていってもらえた。

また、日田市の公演にゲストとして出演して下さったテノール歌手の小堀さんは、作曲家の中村匡宏さんを通して知り合いになった。国立音大を首席で卒業、大学院を経て、新国立歌劇場の研究生として活躍され、イタリア派遣が決まっている。第十一回目のチャリティー・コンサートのゲストも小堀さんである。

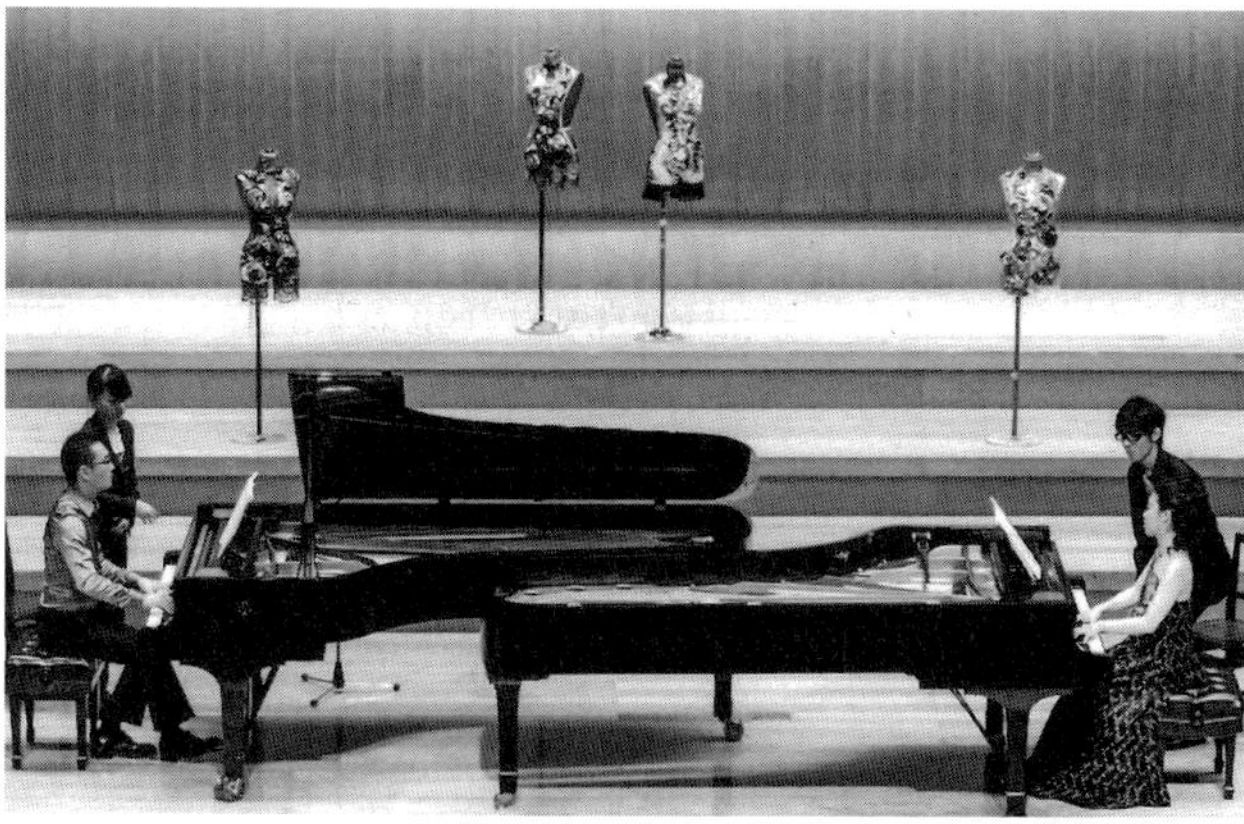
第９回チャリティー・コンサートは Rose ヨーコさんのデコレーション・アートに囲まれて。左は高雄有希さん（2013年４月）

さらに、このコンサートで新たな試みを始めた。デコレーション・アーティストの Rose ヨーコさんの作品とのコラボレーションである。ヨーコさん作品「復活」を生地にプリントし、世界に一つしかないドレスを作り上げた。そして、ヨーコさんがドレスを提供して下さった。

この「復活」のドレスをきっかけに、「燃える想い」、「月光の微笑み」、「夢よ再び」の作品を次々にドレスにした。どれもとても素敵な作品で、お客さまをはじめ、学校内のコンサート、コンクールでも、教授の先生方にも評判で、舞台へ出て行くとドレスの素敵な柄に歓声が上がることもある。

また、ヨーコさんの提案から、ドレスだけでなく、ヨーコさんの作品を舞台、ロビーに展示し、〝魅せるクラシック・コン

第９回チャリティー・コンサートで Rose ヨーコ作の「復活」のＴシャツを着る「少年少女みなみ」のみんな（2013年４月）

サート〟を演出した。デコレーション・アーティストであるヨーコさんは、クラシック音楽の素晴らしさはわかるが、ただ弾くだけでは面白くない、一般の方にもクラシック・コンサートを楽しんでもらうために、演奏家自身をアートとして見せなければいけない、というアドヴァイスを下さった。

クラシックの音楽家は、日々たくさんの勉強と練習が不可欠である。そのため、自分を魅せるということまでには気が回らないのが正直なところである。

しかし、ヨーコさんをはじめ、また、舞台で輝く米良美一さん、ＬＥＧＥＮＤなどのパフォーマンスを観て、クラシック音楽家も舞台人、パフォーマーであることに気づいた。

お客さまからすれば、私たちクラシック音楽家もパフォーマーとして見られている。小さい頃から私はバレエもやっていたため、舞台での立ち振る舞いは考えていたが、さまざまな分野の方と舞台を共にすることで、「魅せる」ということを改めて考えた。

本番前の一人の時間

私にとって、本番で演奏するというのは他の何にも替えられない大好きな時間である。当然ながら、その舞台を大好きな時間にするためには、たくさんの練習時間を必要とする。

たくさんの人との出会いもあり、本番での演奏の質が良くなっていったことを、自分でも実感している。集中力と体力のペース配分を分析することによって、今まで行き当たりばったりに雰囲気で弾いていた演奏スタイルも変わっていき、次第にミスも軽減されていった。

いつもの私のテンションのまま舞台へ出て行くことが好きであった。本番直前も、舞台裏でたわいのない話題について誰かと話すことが、緊張をなくす方法であった。

しかし、大学二年生であるコンクールを受けたとき、本番前に緊張感もなく母と話しているのを見ていた海外の審査員の先生から、

「演奏後、演奏前は、一人の時間を大切にして、自分自身、そして音楽に向き合い集中するべきだ。君の今後の本番に影響するはずだから、変えてみてごらん」

というアドヴァイスをいただいた。私がいつもの自分のまま舞台へ出て行き、演奏に没頭できていないことをその先生は見抜いていたのである。

本番前のテンションの持っていき方は人それぞれで、私は自分が本番前のベストな時間の使い方

を知っていると思っていたが、それは一流のピアニストからしたら違っていたのだ。

その言葉をもらってから、本番までの集中力の高め方を実践してみた。共演者がいても、母がいても、本番数十分前になると、一人になって集中し、自分と向き合った。

それはとても緊張する時間となった。何故なら、今から立つ舞台、演奏する音楽、またそれを奏でる自分と真正面から向き合うため、孤独になり、それ以外のことが頭に入ってこなくなるからである。しかし、集中力を高めることで、舞台では音楽に没頭することができ、もっと素晴らしい音楽をお客さまに届けたいと思うようになっていったのである。

今でもこの本番前のスタイルを変えていない。舞台で一人で演奏することに不安になり、自信がなくなると、鏡の自分に、大丈夫、大丈夫、私なら大丈夫……と一人でぶつぶつとつぶやいている。そうでもしていないと本番までの緊張には耐えられない。いつも、こんなに緊張するなら舞台に立たなくていい、音楽をやめたい、と思ってしまうほどの極限状態になるのだ。

しかしその緊張は、舞台に一歩立ってしまえば、どこかへ飛んでいってしまう。母、またその現場をよく見ている知人は、私が舞台に出ていけば大丈夫だということを知っているため、本番前にうろたえていても、誰も心配してくれないのである。また、私自身が、一番そのことを理解しているからこそ、尋常でない緊張を味わっても、やはり何度でも舞台へと歩いていくのである。

二十歳を過ぎてから、震えが止まらない本番が何度かあった。震えが止まらないことが恐怖となり、演奏を途中で止めてしまいたいと思ったほどであった。

体育の先生に相談したところ、体とはとても正直なもので、少しでも不安があれば震えるのは当たり前である、練習を充分にして自信をつけ、気持ちをしっかり持てば、震えはなくなるはずだ、というアドヴァイスをもらった。

それから、本番で震えることのないように、今まで以上に練習し、自分に自信をつけ、少しでも本番前の緊張を減らしたいと考えている。

毎回、本番での楽しみも味わうが、少しでも不安があれば怖さも味わう。しかし音楽に没頭し、演奏後お客さまから拍手を受けると、またこの舞台に戻りたいと強く思うのだ。不謹慎な言い方だが、音楽は私にとって〝麻薬〟なのかもしれない。

飯塚新人音楽コンクール

「飯塚新人音楽コンクール」は、福岡県飯塚市で開催されている若手の登竜門のコンクールである。大学一年と二年で挑戦したが、入賞まであと一歩であった。三年のときに、三度目の正直としてもう一度だけ挑戦してみることになったが、もし結果がダメでも挑戦するのは最後、と決めていた。

予選は無事に通過。本選では、「近現代の大曲を選曲した方がいい」と高雄有希先生からアドヴァイスを頂き、ラヴェル作曲「ラ・ヴァルス」を選んだ。この曲は、元々オーケストラのために作曲されたものを、ラヴェル自身が後に二台ピアノやソロ・ピアノのために編曲。オーケストラの曲をピアノ・ソロで弾くのは、音数も多く、音色の多彩さ、音量も必要となってくるため、難曲の一つとされている。

この曲の譜読みを始めたのは、予選が終わってからであった。予選から本選まで一カ月しかない。譜読みを二日で終わらせ、四日後にはテンポで弾けるようにし、六日後にはピティナの公開レッスンを受講していた。

かなりのスピードで仕上げていかないと間に合わない、と自分にプレッシャーをかけ、本番まで「ラ・ヴァルス」のことばかりを考え、楽譜を手放すことはなかった。あのとき以上に、一つの曲に執着して勉強したことはない。図書館に行き、ラヴェルの生い立ち、彼の他の作品、また当時の美術作品など、たくさんの資料を参考にした。「ラ・ヴァルス」の音源もたくさん聴いた。特にオーケストラのＤＶＤは、スコアを見ながら視聴した。

私は、どうしても飯塚新人音楽コンクールで一位を取りたかった。何故なら、まさしく現金なことであるが、一位を取ると百万円の賞金がもらえるからだ。これまで私の音楽のために、両親はどれだけお金を費やしてきてくれたか、よくわかっていた。そのため、できるだけ早く、お金の面でも少しずつ自立をしていきたかったのだ。

大学二年からは、ＹＡＭＡＨＡの音楽奨学支援の奨学生に選ばれたため、学費、生活費諸々を、両親からの援助がなくてもやりくりできることとなった。ＹＡＭＡＨＡの奨学金以外にも、福田靖子賞基金、学生支援機構などの援助も勉強の助けになっている。またコンサート、ピアノ・レッスンなどの収入も、学費やコンクール費用などに当てていた。

自分でお金に関することの手続きをし始めたときは、わからないことも多く大変であった。コンクールの開催費用、コンサートのチケット代、楽譜代など、何をするにもすべてにお金がかかる。いろいろなことを自分でするようになってから、小さい頃から両親が私に時間とお金をかけて、たくさんの経験をさせてくれていたことを実感し感謝した。学生生活を送る上では、奨学金のお陰で、お金に関して苦労することはほとんどなくなった。ＹＡＭＡＨＡをはじめ、奨学生として採用して下さった機関には本当に感謝している。

しかし、それだけではプラス・アルファで勉強するにはお金が足りないため、どうしても賞金を手にしたかった。そして、それは「ラ・ヴァルス」の曲の仕上がりにかかっていた。しかし、これは短期間で仕上げられるような曲ではない。一カ月で仕上げたものがコンクールに通用するという自信はなかったが、とにかく必死に向き合った。たくさんの先生方のお世話にもなった。

本選当日。私の出番が刻一刻と近づく。いつも以上に緊張がつきまとった。暗譜が飛んでしまったらどうしよう……不安でいっぱいになり、気が狂うほどの緊張を味わった。

そして、誰にも頼ることのできない舞台へ、一歩を踏み出す。私は「ラ・ヴァルス」の世界を表現することに集中したが、暗譜の心配、体が曲に慣れていないことから、先々が不安で、生きている心地がしなかった。

終盤の盛り上がりでは、この曲を初めて舞台で弾くこともあり、エネルギーが残っていなかった。腕がもぎれてもいいからクライマックスを華やかに！　と自分を励まし、最後の迫力のある二ページを乗り切った。課題は自分でよくわかっていたが、一カ月で勉強したものを、出し切ることのできた本番であった。舞台から降りて、あのときほどホッとした本番はない。

数時間後、結果発表を迎える。何度経験しても発表前の緊張は嫌なものである。心拍数が速くなった心臓の音が聞こえてくるようだ。もう結果は決まっているのだから、神さまに祈っても、ドキドキしても同じなのだ、と自分に言い聞かせるが、次々に結果が発表されるうちに、心臓の音が速くなる。

そして、「一位、久保山菜摘！」。自分の名前が呼ばれ、頭の中が真っ白となった。望んでいた結果であったのに、驚きと喜びと戸惑いが入り混じった。

飯塚新人音楽コンクールでの一位という快挙にとても喜んだが、今後は、その名に泥を塗らないよう、素晴らしい演奏家にならなくてはいけない、と使命感も感じた。

このコンクールのお陰でコンサートの機会も増え、私にとってとても大きな賞となった。

ペルーのフォルクローレ音楽と

第九回目のチャリティー・コンサートにお越しいただいた山崎和幸さんは、何十年も前から、ペルーの恵まれない子供たちのために支援活動を行っていた。何度かお話しをする機会に恵まれ、ペルーにおける貧富の差だけでなく、クラシック音楽や鍵盤楽器があまり根付いていない国であることを教えていただいた。

山崎さんは毎年、ペルーのフォルクローレの音楽家「インカニャン」を数カ月間招聘《しょうへい》し、全国各地でコンサートを行っている。そして、ペルーの恵まれない子供たちが教育を受けられるように、学校建設のための募金をお客さまに呼びかけている。

ペルーのミュージシャン「インカニャン」
との初のコンサートにて（2013年11月）

インカニャンの演奏を初めて聴いたのは、大学二年の夏であった。その頃、クラシックに没頭していた私は、マイクを通した電子音を受け付けられなかった。体が勝手に拒否してしまうのである。インカニャンの演奏は、客席で聴いていても耳に入ってこなかった。

それでも、山崎さんの活動に私も協力したいという気持ちはあり、何度もインカニャンの演奏会に母と足を運んだ。段々とマイクを通した電子音に慣れていった。そうすると、彼らの音楽が体中を巡り始め、魅惑的なハーモニー、リズム感、フォルクローレ楽器の音色にどこか懐かしさを感じてきた。

大学三年の夏には、第十回目のチャリティー・コンサートをソロで開催することが決まっていた。

チャリティー・コンサートを小さい頃から始めたため、自分の力以上に、母や周りの方々の協力はとても大きかった。活動十年目を迎え、もっと自分の力とアイディアで、世界へとチャリティー活動を広げていきたいと思った。

そこで、私も実際に山崎さんの活動に音楽で協力したいと考え、日本の子供たちが使わなくなった鍵盤ハーモニカを寄付してもらい、ペルーの子供たちに届けるというプロジェクトを立ち上げた。そしてもう一つ、母の提案で、クラシックとフォルクローレのコラボレーションの演奏活動も始めた。

ところが、山崎さんから、ペルーの彼らが楽譜を読めないという驚きの事実を聞く。フォルクローレは伝承音楽として代々引き継がれるため、そもそも楽譜を読む必要がない。今までたくさんの音楽家と一緒に演奏をしてきたが、楽譜を読めない方々とのコラボは初めてであった。

リーダーのエディさんが日本語に堪能なため、コミュニケーションを取ることは可能であった。早速練習を始めるが、楽譜を読めない彼らに、どのようにメロディー、ハーモニーを伝えられるのかを考えた。結果的には、メロディーをピアノで弾き、覚えてもらった。問題はハーモニーであった。ピアノで和音を弾いても、なかなか同じ音をギターで弾くことができない。音の感覚が違うのだ。紙に和音の音を書いていき、ピアノで確かめながらハーモニーを作っていった。

試行錯誤を繰り返し、数日間彼らと練習し、ピアソラ作曲「リベルタンゴ」、葉加瀬太郎作曲「情熱大陸」、モンティ作曲「チャルダッシュ」を練習した。とても大変な作業であったが、言葉が通じない相手とでも、音楽でさまざまなことを共有できると練習中に実感した。クラシック音楽だけを勉強しているだけでは味わえないフォルクローレの音楽感を感じることができた。そして、彼らとのコラボレーションの演奏を全国各地で行うことにした。

また、モンティの「チャールダーシュ」は、本来のピアノ伴奏のパートをインカニャンに受け持ってもらい、私がヴァイオリン・パートを鍵盤ハーモニカで演奏する。それは、使われなくなった鍵盤ハーモニカをペルーの子供たちに届けたい、というプロジェクトをお客さまにアピールするためだ。私のチャリティー活動の内容と募金、鍵盤ハーモニカの寄付のお願いを、インカニャンとの本番がある度にトークで語らせてもらった。そのため、このプロジェクトは日々クラシック音楽界の話題となっていった。

第10回チャリティー・コンサートにて募金活動を手伝い，インタビューを受ける「少年少女みなみ」のメンバー。左は「アンデスの風」の山崎和幸さん（2015年４月）

第十回チャリティー・コンサートと新たな目標

第十回目は二〇一四年四月二十五日、福岡市・あいれふホールで開かれた。十年目はゲストを招かず、ピアノ・ソロのリサイタル。ドレスは、Rose ヨーコさんの「月光の微笑み」を生地にプリ

2014年にペルーに行った後も鍵盤ハーモニカが集まっている。きれいに洗って，野中朋子さんの「La La・シンフォニー」で管理してもらっている（2015年３月）

ントしたもの。以前から愛知県でコンサートを開催して応援して下さる林知保さんがドレスをプレゼントして下さった。

プログラムには母からのサプライズで、今までのゲストの方々のからお祝いメッセージが載せられていた。至れり尽くせりの環境にとても感激した。

リサイタルは、いつものコンサート以上に体力と集中力を必要とした。しかし、お客さまの温かい雰囲気にも助けられ、笑顔で終わることができた。

とうとうチャリティー・コンサートも十年目を迎えた。始めたときには十周年を迎えられるなんて考えてもいなかったし、こんなにチャリティー活動が広がるとも思っていなかった。

十年という月日は長い。チャリティー・コンサートのきっかけとなった、小学五年のときに受けた西岡先生の授業で純粋に感じた想いは、今も薄れていないか、と自分に何度も問う。

コンサートの前に、使わなくなった鍵盤ハーモニカの寄付を呼びかけると、何台も集まった。私の想いだけでなく、寄付して下さった人々の希望と夢をもペルーに届けることができることに気づき、このプロジェクトをしっかりと実行していきたい、と改めて決意したのである。

南米ペルーへ

二〇一四年五月七日から、私は母と山崎和幸さんの三人でペルーを訪れることになった。ペルーまでは、ほぼ一日の移動時間を要する。成田からアメリカのヒューストン空港まで約十五時間、ヒューストン空港からペルーのリマ空港までは六時間のフライト。時差は十二時間。四季も日本とは真反対である。

首都のリマに数日間滞在。到着翌日には日本大使会議にご挨拶に行き、神内先駆者センターで日系二世・三世の方々にピアノのコンサートをお届けした。時差ぼけも疲れも感じることなく、現地の人々との交流を楽しんだ。自分自身、その体力に驚いたものだ。また、リマ日本人学校でもコンサートを行った。

数日後、リマから飛行機で一時間三十分程かかるクスコへ移動。クスコは海抜三三〇〇メートルにあり、インカニャンのメンバーも住んでいる町であった。すぐに彼らと再会し、クスコの町を案内してもらった。クスコはスペイン植民地の時代があり、ヨーロッパ建築の雰囲気が残り、素敵な街並みであった。

クスコ滞在中、インカニャンの新しいメンバーと日本でコラボレーションをする曲の確認、チラシに載せるための写真撮影など、プロジェクトを進めるための準備をした。

ウチュジュク小学校での
歓迎式（2014年５月）

ペルーへ行った一番の目的は、山崎さんが建てた小学校のうちの一つ、標高四〇〇〇メートルにあるウチュジュク小学校に、日本から寄付していただいた二十五台の鍵盤ハーモニカを届けることであった。

クスコからウチュジュク小学校まで車で三時間程。未舗装道路を、山、川を越えて進む。道路脇には、アルパカや牛、羊などが放し飼いにされていた。

小学校に到着すると、先生、生徒の盛大な出迎えが待っていた。子供たちは民族衣装を着て、私たちを首を長くして待っていてくれたのである。

歓迎会が終わると、私はドレスに着替え、電子ピアノでクラシック音楽のコンサートをした。興味深そうに私を見る子供たちの視線は熱かった。馴染のないクラシック音楽の演奏に目を輝かせて聴いている子、どのような反応をしたらいいのかわからない子、さまざまであった。

その後、鍵盤ハーモニカを子供たちに渡して授業を行う。初めて見る楽器に子供たちは喜んでいたが、鍵盤ハーモニカの数が足りず、取り合いともなった。

ウチュジュク小学校では二日間の授業を行った。

一日目は、指づかい、音名、リズムを教え、指を一本ずつ動かす練習、そして鍵盤に手を置きドレミファソと音を鳴らしていった。子供たちは我先にと、初めて弾く鍵盤ハーモニカを鳴り響かせる。みんな興奮状態であったため、母や私の指示は聞こえなくなってしまうほどであった。

鍵盤ハーモニカの音は村中に響き、今まで聴いたことのない音に村人たちは学校にやって来て、授業を窓から覗いていた。私は少しでもたくさんのことを教えたいと思い、必死に大声を出して子供たちに指導していると、酸素が薄いせいで頭が痛くなった。

その夜はシクアニという町のホテルに滞在。夕食の量も豪快であった。食べ終わると自分の体の異変に気付く。呼吸する度に胸が苦しくなる。鼓動が打つ度に心臓に響き、痛みに涙するが、泣くとさらに酸素不足になり、もがき苦しんだ。

鍵盤ハーモニカの授業（2014年５月）

山崎さんに痛みを訴え脈を測ると、「軽い高山病だから大丈夫」と言われたが、寝ても、立っても、座っても改善されることはなく、シクアニでの夜を苦しんだ。翌日起きると何もなかったように元気になったが、今度は山崎さんが高山病にかかり、その日は一日中車の中で倒れていた。

二日目は、「ぶんぶんぶん」を弾けるようにと試みたが、子供たちには指を一本ずつ動かすことが難しいようで、ワン・フレーズを弾けるようになった子が数人いたぐらいであった。

彼らと一緒に過ごす時間は限られていた。別れを惜しんだが、「またここに戻ってきたい」との想いで風景を目に焼き付け、ウチュジュク小学校を後にする。後は現地の先生にお任せするしかなかった。

音楽をしているときの屈託のない子供たちの笑顔を見て、この活動をペルーだけに留まらず世界の子供たちへと届けたいと思った。

また、滞在中、ピアノにほとんど触れられないことにストレスが溜まるかもしれないと心配したが、ピアノのことを忘れてしまうぐらい、日本では体験のできない大自然、空気、人々の情熱など、たくさんのことを体で吸収できた。

帰国一週間後には愛知県でリサイタルがあったが、久々に弾くピアノに苦労もなく、新鮮な気持ちで向き合えた。

怒濤の卒業試験

桐朋での学生生活も最後の年を迎えた。七年間という日々は、私にとって掛け替えのない素晴らしいものであった。桐朋に入学できたからこそ、さまざまな刺激を受けることができたし、素晴らしい環境で学べたことに感謝した。

大学四年生は一月に卒業試験がある。十四分以内の曲を二曲用意し、学校の一番大きい教室とホールで演奏するのだ。それは予想以上にハードであった。

九州交響楽団とショパン作曲「ピアノ協奏曲第１番」
を演奏（2015年１月，飯塚コスモスコモン大ホール）

一日目の学校での試験の前日には、今までに経験したことのない腹痛と吐き気に襲われた。今思えば、試験からくるプレッシャーであった。

卒業試験の一週間前には、コンクールとコンサートがあった。東京でコンクール三次予選で演奏し、夜は、友人がヨーロッパから帰国したのでコンサートで一緒に演奏をした。翌日、始発の飛行機で福岡へ行き、飯塚でのニューイヤー・コンサート。現田茂夫さんの指揮で九州交響楽団とショパンの「ピアノ協奏曲第一番」を演奏した。

本番前は、千人の大ホールが満席になっているのに圧倒され、緊張は尋常ではなかったが、年末年始も休みを返上しての練習に没頭したため、不安要素はあまりなかった。素晴らしい指揮者の先生とオーケストラとの出会いは本当に宝であった。

コンサート終演後、コンクール三次予選を通過したことを知り、東京へ戻る。翌日はコンクールの最終審査へ挑み、連日続いていた本番の疲れから体力との勝負であったが、無事に入賞することができた。

しかし、怒濤の日々は続いた。一週間後には学校の卒業試験が待っていたのだ。ショパン作曲ソナタ二番抜粋はコンクールなどで弾き込んではいたが、もう一曲のラヴェル作曲「ラ・ヴァルス」はほとんど練習をしていなかった。同級生の友人は半年以上も前から用意をし、気合いを入れて練習をしていた。それなのに私ときたら、数日間の練習で本番で弾けるまでに高めていかなければならないと思うと、試験日までの日々は自分との闘いであった。

試験では、桐朋のピアノ教授陣が採点をする。これまで七年間お世話になった気持ちでいっぱいになったが、演奏中も緊張は続いた。

翌日は、ホールで「ラ・ヴァルス」の演奏。練習時間の少なさに、暗譜や曲の内容がちゃんとまとまっているかなど不安でいっぱいであったが、ロビーへ出て行くと友人から好評をもらえ、安堵した。

数週間後、卒業試験の結果を元に、卒業演奏会に出られるメンバーが掲示発表される。ピアノ科は百人弱いる中、卒業演奏会に出られるのは毎年六名程である。ぎりぎりのラインでもいいからこの演奏会に出たい、と結果が出るまで願った。

メンバーが発表されると、なんと私は一位で、卒業演奏会においてとりで演奏することが決まった。また、桐朋学園大学を代表して、二〇一五年三月十八日に宮内庁主催の「桃《とう》華《か》楽堂《がくどう》新人演奏会」

にて御前演奏をさせていただけることも決定した。

予想以上の結果に驚き、私はすぐに家族に連絡し、二宮先生にも報告をした。二宮先生も、まさか私が首席になるとは思ってなく、事実を認めてもらうまでに時間がかかったのであった。

二〇一一年三月十一日に東北大震災があったため、私たちの学年は、高校の卒業式と大学の入学式が自粛された。二〇一五年三月十六日に無事に卒業式を迎えることができ、とても感慨深かった。母、弟にも卒業式に出席してもらい、久々に家族が揃う時間を楽しんだ。謝恩会では卒業生代表の挨拶をし、今まで温かいご指導を頂いた先生方、切磋琢磨し合った友人に感謝を述べた。桐朋学園大学で学べたことは幸せであった。

宮内庁の桃華楽堂での御前《ごぜん》演奏はとても貴重な経験であった。美智子皇后さま、皇太子ご夫妻他多数の皇族の方々の前で演奏していると思うと、大変不思議な気持ちであった。演奏後には、演奏にも、Rose ヨーコさんのドレス「夢よ再び」にもお褒めの言葉を頂戴し、お会いできた喜びに涙が溢れそうであった。また、その夜、テレビの全国ニュースで放送され、たくさんの方に祝福の言葉をいただいた。


私は、ピアノを通して今後も多くの人々に感動、幸せを届けられるピアニストになりたい。私たちピアニストは、一曲、一音に何時間もの練習時間をかけ、音楽を作り上げることを目標に追求を繰り返す。

お客さまに対しては、コンサートの間、気持ちの良い刻《とき》を過ごしてもらえるだけで幸せである。音楽で社会や経済に貢献することはなかなか難しい。しかし、人々の心の支えとなれるよう、今後も日々音楽と真正面から向き合い、自分の演奏を磨き上げていきたい。

第二楽章

新しいピアニストの作り方

久保山千可子

私の生い立ち

「蛙の子は蛙」と言われるように、人は親を受け継ぐ。親にそっくりだと思うことがあったり、親のしていることを自分もしている。「親を語ればその子がわかる」というように〝子は親の鏡〟だと思う。

そしてまた、〝人は環境の子〟であるとつくづく思う。つまり、自分が今なぜそのようであるかを解明するには、その親の話をたどれば「なるほど」とわかることが多い。そこで、まず私の生い立ちを述べてみたい。

私は一九六四（昭和三十九）年五月二十五日、北海道札幌市の「天使病院」にて、父・十川《そごう》務、母・チセ子の長女として誕生。東京オリンピック開催、新幹線開通と、日本の中心はかなり賑やかな年であった。

私は生まれつきの股関節脱臼で、一歳半近くまでギプスを付けた乳児であった。母が毎日、マッサージと病院通いをしてくれたお陰で健康な体になった。小学六年生まで「高い所から飛び降りてはいけない」と常に言われており、足がもし外れたら大変なことになる、と恐怖心でいっぱいだった。そのため、友達が壁に登ったり、高い所から飛び降りたりする遊びをしていても、私はただ見ていなければならなかった。

ところで、十川というのは大変珍しい苗字で、誰からもほとんど読んでもらったことがない。いろいろなエピソードがあるが、中学生のときこの苗字を初めて間違えずに読んでくれた先生は、歴史の先生で、とても感激したことを覚えている。先生はこの名前を見てすぐに、四国・香川県の豪族の名前だと言い、誇らしげに「そごうさんでしょ」と言った。嬉しかった。

確かに『十河一族』という本が出ていて、香川県には十河城跡地という公園があるらしい。その十川家の祖父が北海道に移住したため、その名前が札幌に移り、父は札幌で生まれた。

父は生まれたときから未熟児で大変体が弱く、運動会や遠足には母親同伴でなければ参加ができないほどであったという。そのため、父の母親は大変強い人で、息子を立派に育てなければという気持ちで支えた。

父は小学生のとき、長崎の原爆で被爆した医師であり作家の永井博士にファンレターを送り、返事をもらっている。体が弱かったので本を読むことが多く、平和に大変関心があったようだ。そして父は東京の早稲田大学に進学した。

父の父親は呉服屋と洋裁専門学校をしており、その洋裁学校に入学と就職を同時にしたのが母であった。母は勉強が大好きな活発な少女で、勉強を続けたいと家族に話したが、女子が大学へ進学するなど考えられない時代であったという。

その当時は、札幌に出るというだけでもかなりの冒険であった。母はその洋裁学校でいろいろな勉強をし、先生や経営者に気に入られ、そこの息子である父と縁あって結婚したのである。

父の実家のある札幌はかなりの都会であるが、母の実家は海沿いで、夏になると家の前に昆布をたくさん干してあるような風景。

2歳頃，札幌の自宅前にて

夏休みに行くと、昆布の養殖の仕事をしている伯父さんたちと一緒に昆布を干す。

楽しみは養殖のホタテ貝を食べること。冬場はストーブの上でホタテ貝を焼きながらお茶を飲む。焼けたホタテ貝に数滴垂らす醤油の匂いが忘れられない。

当時、東京―函館間は、夜行列車に乗って青森まで行き、青函連絡船で函館へ渡るという長旅であった。

両親の大変ユニークなキャラクターを受け継いだのはもちろんだが、雄大な北海道という土地、さらに札幌・函館という全くキャラクターの違う町の影響も受けていると思う。そして今の私が存在する。

私の幼児期は白黒テレビに白黒写真。お豆腐屋さんは自転車で売りに来ていたし、今のような二十四時間営業の店はなく、買い物は個人商店か小さな町のスーパーで。まだテレビも録画のできない時代で、放送時間になると皆テレビの前に集まった。

家族一緒に。左から母，生まれたばかりの妹，私（5歳），一つ下の弟，父（1969年）

父は帰りが遅くて、子供が寝静まった後、布団の中でテレビを観ることもあった。そんなとき、私も布団の中でこっそり同じ番組に目をやっていた記憶がある。よく覚えているのは、『ホロコースト』や『アンネの日記』などのドキュメンタリー、第二次世界大戦における番組や映画。『ルーツ』という黒人の話にも大変興味を持ち、連続でずっと観ていた。アフリカから奴隷としてアメリカへ連れていかれる黒人の話であるが、子供ながらに大変ショックを受けた。

このように歴史的な映像を父がよく観ていたので、私もその影響を受けていると思う。母は真逆で、そのような悲惨な題材を熱かった映像をまともに観なかった。父と私には共通の話題があって、よく談義をした。とても父の話が興味深く楽しかった記憶がある。父は私に昔観た映像から得た記憶は、語れるほど身についている。

世の中のことをたくさん教えてくれた。

母の話によると、函館は戦後アメリカ兵がたくさん来て、カタカナのついた品物を家の中から洗いざらい持って行ったようだ。戦時中は防空壕に入り、空にはＢ29が飛んでいたと言う。疎開していた父と違い、母は大変恐い体験をしていたのだ。

数年前、仕事のご縁があって函館に行き、久々にお墓参りをすることができた。新しい道ができ、お墓の周りは開けていた。前とは違った雰囲気を醸《かも》し出していたが、昔の感覚を思い出して胸がいっぱいになった。このような感覚はかなり久々で、懐かしさと感動で嬉しかった。

お墓参りの後は親戚の家に行き、年老いた伯父たちに会い、感無量であった。漁師だった頃とは変わり痩せ細った小さな叔父がいた。海は何も変わっておらず、潮の香に胸がいっぱいになった。町が変わっても、道が新しくなっても、家々が新しく立ち並んでも、海は昔のままだった。懐かしい匂いのままだった。音楽家が作品を作るとき、よく故郷の懐かしさを讃えたりするが、今回抱いた想いは、そのような気持ちだった。昔とは考え方、見え方、感じ方が変わるのである。

年をとるのは素晴らしいことなのかもしれない。「経験者は語る」とか、「大人の言うことは聞くものである」というのは、年を重ねた人にしか言えない。その人が言葉で語らなくても姿一つで歴史を表している、ということも感じた。

幼少期に体験したことは、大人になっても体で覚えているものだ。脳は幼少期に八割がた決まると言われているが、まさに「三つ子の魂百まで」である。「幼いからわからない」とか、「子供だからできない」のではなく、幼いからこそ柔軟に物事をとらえ、経験し、体に染み込ませているのだと思う。このようなことは自分が経験したうえでわかり、子育てをしたことでさらに確信が持てた。

札幌から東京へ

一九六七年、私が三歳のとき、父の転勤で東京へ引っ越し、杉並区に移り住んだ。一つ下に弟がいたが、五年後には妹も生まれた。その頃私たち一家は社宅の一軒家に住んでいた。

当時は道が舗装されていなかったので、私たちきょうだいは道ばたで泥団子を作ったり、近くの公園で缶蹴りやその当時流行りだったゴム跳びをして遊んだ。当時、家ではカメを飼っており、餌としてミミズをやらなければならず、毎朝起きると土の中からミミズを探し出した。土がたくさんあったので、ミミズは掘れば山ほどいた。

母は洋服を作る仕事をしていて、連日の夜なべ仕事により目の病気にかかり、手術後はその仕事をやめなければならなくなった。育児も大変だったに違いないが、昼間は針仕事をせず、子供たちに危険のない夜中に無理をしていたのだと思う。洋裁をやめてからは近所のパン屋さんに勤めた。

当時、近所の子供たちがたくさん集まり外で遊んでいたが、私は夕方になると、大人用の自転車を漕いで保育園に妹を迎えに行かなければならなかった。小学生の私は、長女の義務感と責任感により母を助けたい一心で動いていたことを覚えている。保育園から帰った小さな妹を囲み三人でおやつを分けるというのが日課で、母が帰ってくるのが待ち遠しかった。

その当時の我が家にはお風呂がなかったため、毎日、母子四人で洗面器に着替えを入れて近くの銭湯に通っていた。母は仕事の後すぐ子供たちを銭湯に連れて行き、夕食を食べさせて寝かせるまで大変だったに違いない。子育てはいつの世も大変だ。

さらに、お姑《しゅうとめ》さんを北海道から引き取ることになり、二部屋だけでお風呂もない一軒家に六人が暮らすことになったのは、私が小学校の高学年になったときだった。

六年生も終わりという頃、父と母は家を買う決心をし、子供たちが転校しなくてもいいようにと、近い所に新築の家を購入した。その家は駐車場付きの二階建ての3DKであった。

新しい家に越してから母は勤めをやめ、家の駐車場でパン屋さんを始めて一家で働こう、と提案した。すぐに工事が始まり、車は近くの月極めを借り、我が家の駐車場はパン屋さんに変身した。その店は車一台分のスペースしかなかったが、山崎製菓パン、コカコーラ、雪印などの商品が所狭しと並び、お菓子類は問屋さんに家族で仕入れに行くというスタイルだった。

まずは、早朝六時に大きな山崎製菓パンのトラックがやって来て、配達の人がパンを次々に降ろす。父は会社に行く前に食パンを切り、袋に詰めて店に並べ、自分の仕事場へと向かう。

父が出勤した後は、子供たちが学校に行くまで店番をし、その後は母が切り盛りしていた。中学生の私は、夕方学校から帰ってくるなり店番をしなくてはならなくなった。長い時間店番をすると、ピアノを弾く時間がなくなり、夜はテレビを観たいというきょうだい三人の思いがぶつかり、お客さんが入ってくるとじゃんけんで負けた者が接客をするスタイルになった。接客中はテレビの番組が観られないので、戻ってくると話がわからなくなるため、じゃんけんに必ず勝ちたいと思った。

住宅街の中にあるこの店は定休日もなく、夜の十時半まで営業し大繁盛であった。学校から帰ってくると、家の前にコカコーラボトラーズの大きなトラックや山崎パンのトラックが止まっていた。家の中ではコカコーラの制服を着たお兄さんが昼寝をしていたり、山崎製菓のお兄さんがご飯を食べたりしていた。「お帰り」と迎えられることも多く、家族のようになっていく営業マンもいた。

母は、朝早くから力仕事で疲れている若者たちを家で休ませたり、もてなしたりして、息子のように可愛がっていたのだと思う。

時には、学童保育帰りの小学生にリビングが占領されていた。お店のお客さまの子供さんということで、困っているのを助けるつもりで母はいつも人を家に入れていた。とにかく人間愛にあふれている母なのだ。

こうして家族が一丸となり、子供たちもいつ外へ勤務してもよいほど板についた接客ができるようになった。仕入れのコツも覚え、包装も早くなり、配達も自転車で行った。クリスマスケーキやおもちは、落とさないよう自転車の荷台にくくりつけてゆっくり歩きながら配達した。

私が音大に入った頃、東京ディズニーランドがオープンし、ファーストフードが流行り、ファミリーレストランが出現した。さらにコンビニエンスストアができたため、とても便利な時代になっていった。

時代の先を読んだ母は、家族に店をやめる提案をした。近所の人たちから惜しまれながら、パン屋さんを畳むことになり、そのスペースはピアノ教室となった。二階にも部屋ができ、数年後には妹も音楽学校に入ったことで、上下二部屋がピアノ教室となった。母は前から行きたかった着付け教室に通い始めた。数年後、母は着付けの先生になり、着物学院の教壇に立つほどまでになってしまった。

というわけで、我が家にはピアノの生徒さん、着付の生徒さんたちがいつも出入りし、狭いながらも人がたくさんいるという状態であった。これは今の私の生活にそっくりである。

ピアノを習い始める

私は五歳から、家のそばのピアノ教室に通った。その当時、家にピアノはなく、ピアノを持っている家庭も少なかった。

従姉妹のひろこちゃんが同じ頃にピアノを習っていて、出張レッスンという形でピアノの先生がわざわざそのお宅に来てくれていた。ひろこちゃんは私の家よりはるかに大きな家に住んでおり、足踏みオルガンを持っていた。ひろこちゃんはピアノなど弾きたくなかったそうだが、出張で来てくれるのでしぶしぶレッスンを受けていたのだ。

あるとき、ひろこちゃんがピアノの先生に言った。

「レッスン代払ってるんだから、先生が弾けばいいじゃない」

その先生はかなりびっくりされたと同時に、お怒りであったに違いない。間違いなく気分を悪くされ、ピアノのレッスンは中止となった。ひろこちゃんはピアノをやめることに成功したのだ。

誰も使わないオルガンの行き先を決めようと話し合ったとき、「いとこのちかちゃん（私のこと）がピアノを持ってないからあげたら？」となり、我が家にオルガンがやって来たのだ。嬉しかった。

小学校高学年のとき、ショパンの「幻想即興曲」をテレビで聴いた。体に電流が走った。当時駅前にできたレコード店で何かのお祝いにレコードを買ってもらえることになり、その曲の入ったLP盤を手に入れた。その一枚を毎日毎日聴いてうっとりしていた。レコードプレーヤーは高い棚の上にあり、椅子に上ってはレコードをかける。その曲が五分位で終わるたびに、また椅子に上り針を戻してその曲ばかり聴いていたことが今でも忘れられない。

そして、そこから興味が広がって、他のレコードを聴こうという気になった。父の持っていた、高価だったと思われる何枚組かの箱入りの交響曲のレコードをとっかえひっかえ聴いた。

そんなことからクラシック音楽に興味が広がり、音楽家になりたいと思うようになったのかもしれない。

四年生のとき、ピアノの先生から、オルガンでは上手にならないのでピアノを購入するように言われたが、我が家にその財力はなく、人から古いピアノを頂くことになった。

とても狭い家だったが、黒い大きなアップライトピアノがやって来た。メーカーはYで始まっていたが、ヤマハではなくYAMATOであった。明治時代に作られた日本製ピアノで、梅雨になるといくつかの鍵盤が上がってこない。二年程で手放すことになったが、それまでの貴重な時を支えてくれた楽器であった。

家族に音楽の専門家がおらず、雨の多い季節になるとピアノという楽器は湿気を吸収して重たくなるのであるが、そんなことは素人にはわからなかったのだろう。今なら除湿機があるのに、と四十年前を振り返って懐かしく思う。

引っ越しを機に、ヤマハの中古のアップライトピアノを買ってもらえることになった。嬉しくて嬉しくて、私は泣いた。長年の願いが叶った瞬間の涙であった。合唱部にも所属し、将来音楽家になりたいという夢がどんどんふくらんでいった。他にもたくさんの夢があったが、ステージに上がって拍手を浴びるという瞬間が好きであったのかもしれない。

私の家庭は音楽を熱心にやれる環境ではなく、音楽会にもあまり行ったことがなかったが、母親が音楽好きで、レコードをかけてはみんなで踊っていた。父は当時珍しいＬＰのクラシック名曲集をたくさん持っており、小さなレコードプレーヤーで毎日お気に入りの曲を聴くことができた。

ピアノの先生は、環境が整っていないけれど音楽好きな私たち一家を理解してくれて、私の夢を叶えるために時々クラシックのコンサートに連れて行ってくれた。きょうだい三人の中で私だけが一人お洒落着を着て、都会のホールに行けるという唯一の楽しみだった。

ちなみに現在、私の教室でも親がコンサートに子供を連れていけない場合、子供だけでもあずかって一緒にコンサートに連れていきたいという私の気持ちは、そのときに培われたものかもしれない。

演劇部からサッカー部へ

小・中学校と音楽系のクラブ活動をやっていた私は、高校で突然演劇部に入った。音楽を中心とした生活を送ってきたが、心の奥底には劇団に入りたい、声優になりたいという想いもあった。

ある日、思いきって「劇団に入りたい」と言ってみた。母は「それなら演劇部に入って試してみなさい」とあっさり言った。なるほど、それもそうだと思い、真剣に演劇部で活動を始めた。

けれど、憧れの先輩たちを見ながらステージを作っていくうちに、私はキャスト向きではないとわかった。そのかわり裏方業が得意であることも判明したのである。メイクや衣装、台本、振り付けなど、裏方業は割合楽しく、最終的には演出までも手掛けたいと思っていた。

そんなこんなで、高校生活はあっという間に過ぎていったが、演劇科に進む先輩や同輩を見ながら、自分は音楽の道に進もうと決心した。

また、担任の先生がサッカー部の顧問であったことから、サッカーに興味を持ち始めたのも高校時代である。同じクラスに国体選抜の選手がいてサッカー部が強かったので、よく応援に行った。マネージャーをしている女子を見てうらやましく思ったが、ピアノの練習があるので学校が終わるとそそくさと家に帰った。

受験間際の冬、「高校サッカー選手権」という大きなタイトルを賭け、夢を追いかけている同級生たちが勉強そっちのけで青春していた。私たちの高校は全国高校サッカー選手権に出場することはできなかったが、ベスト8で敗退するまで頑張った。

受験を控えていながら大いに盛り上がり、夜更かしをしてテレビの前でサッカーのニュースを観ていた。ひそかに、大学に入ったらサッカー部に所属してマネージャーをする意気込みであった。

国立音楽大学のピアノ科に入学してからは、高校までとは随分違った生活になった。それまでは男女共学の都立高校に通っていたので、華やかな私立の音楽大学はあまりに差があり戸惑った。

そんなとき、ひそかな想いを叶えるべくサッカークラブを探したが、音大にはそのようなクラブはなく、一般大学の友人を訪ね、サッカー部を見学させてもらうことになった。その大学は私の通う音楽大学からかなり離れた所にあったが、そのチームに入りたいと思っていた。

関東理工系リーグに所属する青山学院大学理工サッカー部。当時、世田谷区にグラウンドがあった。部員たちは不思議そうだった。なぜ音楽大学に通う学生がサッカーに興味を持っているのか、という疑問を持ったらしい。しかし、その当時三年生だったトップ・マネージャーさんの鶴の一声で皆が許可して下さり、私は入部することができた。かなり変わったケースだと言われながら、私はわくわくしてサッカー部に通い始めた。

一年生の春、音大のスケジュールをこなしながらサッカー部に通うのはもちろん大変ではあったが、授業が終わるとすぐに電車に乗り、一時間以上かけてグラウンドへ通った。

そのサッカー部は、週に三回程の練習と土・日の試合で構成されていたので、私は全試合と、週に一、二回活動に参加した。ボール拾いと掃除、会計、連絡など雑用ばかりであったが、試合を観るのが楽しくて、いつか先輩マネージャーのようにベンチでスコアを付けたいと思った。

同じ学年の選手たちとも仲良くなり、怪我の手当てやお世話などをした。先輩たちには随分と可愛がってもらった。

夏合宿や大会などでは、ピアノを弾けないことを覚悟して、山の中の合宿先で皆と一緒に寝泊りを共にした。優勝したときも負けたときも、いつも皆と喜び悲しみを分けた。だんだんとスコアも付けられるようになり、トップに立つ頃には後輩たちを指導したり、審判の資格を取りに行ったりした。

その当時、女子サッカーが流行り始めてはいたが、まだまだ世間一般には受け入れられておらず、やっている本人たちが盛り上がっている中、女子には危険である、という批判もあった。もちろん審判講習会は男子ばかりで、講義を受けるときも私一人が女子であった。他にテーピングや日本赤十字救急法の講習会にも一人で参加し、いつも私一人が女性であることに逆に優越を感じていた。まだ誰もしていないことをするのが好きだったのかもしれない。

大学３年時，青山学院大学理工サッカー部のメンバーと（1985年）

そのようにして三年間、音楽大学で勉強しつつ、サッカーに没頭した。四年生になると引退しなければならず、音楽だけに絞ったことで逆に気が抜けてしまった。

そんな私を見て、全日空のサッカーチームに来ないか、と誘ってくれる方があった。その頃、全日空はプロチームを持ったばかりで、その二軍にあたる「トライスター」というチームがあったが、ちょうどマネージャーが抜けたので、その枠に私が入れることになった。

創立以来、女性のマネージャーは初めてということで、皆かなり気を遣ってくれた。強い社会人チームのサッカーを観られる生活が始まった。

音楽大学も最終学年ということで教育実習などもあり、それまで以上に時間がなくなったが、羽田にある体育館まで夜の練習に通った。土・日はもちろんグラウンドに行き、マネージャー業を務めた。結局、音大を卒業してからも一年間在籍していたので、合計五年間、音楽と並行させながらサッカー部のマネージャー生活を送ったことになる。

卒業後の一年間は、もっと演奏活動をしたいと思っていた。ヨーロッパに短期でもいいから勉強に行きたいと思っていた。そんなことが重なり、いよいよサッカー部を辞めることにした。ちょうどそのサッカーチームも廃部になることが決まっており、残念ではあったが、一足先にみんなとお別れをした。

その後、コンサート活動を行い、ピアノ教室を運営した。オーストリアのザルツブルクにあるモーツァルテウム音楽院のサマーセミナーにも一カ月程参加し、勉強した。がしかし、サッカーを観ることが減るとそれなりに気が抜けてしまい、今まで二つのことを均等にやっていた緊張感を改めて重要に思った。

それから土・日はプロのサッカーを観戦しに出掛けることが多くなった。プロといっても、その時代は日本リーグという社会人のトップのレベルの人たちが戦うサッカーであり、Jリーグができたのはもっと後のことである。

そんな私のサッカー生活は、この後も人生を変えるほどにつながっていくのである。

菜摘誕生

菜摘は一九九二年四月三日、神奈川県川崎市で、ピアノ教師である母親の私と、その当時サッカーのプロ選手として活躍していた父親との間に誕生した。

私は翌年七月に男の子を出産した。私自身が五月生まれ、一つ年下の弟が年子で八月生まれなので、母と同じような年子の子育てを経験したことになる。私と同じく一人っ子状態が一年三カ月で幕を閉じ、やっと歩けるようになった菜摘は、赤ちゃんのまますぐお姉ちゃんになってしまったのである。

菜摘は生まれてから今に至るまで、あまりだだをこねたことがない。すやすやとよく眠る赤ちゃんで、何でもよく食べ、病気にかかった記憶もほとんどない。私のピアノ練習中も機嫌良く付き合い、コンサートに連れていってもおとなしくしている、そんな聞き分けの良い赤ちゃんであった。

きっと音楽の天使がついていて守ってくれていると思ったし、いつも「大きくなあれ、大きくなあれ」と言って育てた。現在一五〇センチの私は、子供の頃、いつもクラスの列の前の方に並んでいたが、「大きくなあれ」と声をかけられて育った菜摘は、幼稚園のクラスからずっと一番後ろ辺りに並ぶ大きさになった。かけた声のとおりに、願ったとおりに育つものなのだ、と私は思った。私

1993年４月，菜摘１歳

の子育ては「ことだま」からスタートし、「有言実行」が大好きになった。

誕生日のお祝いには、「なっちゃん、おめでとう！」がつきものだが、菜摘は今でも、「生んでくれてありがとう！　そして、お母さんおめでとう！」と言って私を祝ってくれるのだ。

こうして私は、子育ての新米ママとして菜摘と一緒に成長していった。

パパはサッカー選手

その当時、サッカー人気も次第に増してきて、Jリーグの誕生とともに日本のサッカー界はさらに盛り上がった。父親の久保山雅彦選手は、菜摘がお腹の中にいた頃はベルマーレ平塚（当時のフジタ工業）でプレーしていたが、菜摘の誕生日にはすでに次のチームを探している状況であった。そして次のチームへの移籍が決まると、あっという間に、私たちは父親の出身地である静岡県に移った。静岡県は「サッカー王国」と言われ、男の子は幼少期からサッカーに熱心で、清水エスパルス、ジュビロ磐田というJリーグのチームもあった。

私たちが移り住んだのは、藤枝市というのどかな街。チーム名は「藤枝ブルックス」。藤枝ブルックスは中央防犯という防犯会社の持つサッカー部で、静岡県社会人リーグ二部に所属していた。このチームを強くするため、日本リーグで活躍してきた数人の選手が呼ばれた。久保山の他、アルゼンチン人のホルへ・アルベーロ、オマール・ピッコリ、マジョールなど数人の選手が入団した。

一九九三年七月、菜摘の弟が誕生。アルゼンチン出身のサッカー選手の家族とともに毎日過ごしていたので、サッカーにちなんで呼びやすい「衆斗《しゅうと》」と命名。

衆斗の生まれた後、町をあげて戦っていた藤枝ブルックスは、日本リーグ二部の上位にまで成績を伸ばし、一部に昇格が決定。いよいよ次の年はJリーグをめざしていた。

私はといえば、長年やって来たピアノ教室を静岡に移る際に閉じ、数年間、年子の子育てとサッカーの応援に没頭した。父親は練習の合間を縫って子育てに参加してくれることも多かったが、地元以外で試合のある週末は家を不在にするため、私は乳児の入浴などを一人でしなければならなかった。

二人とも赤ちゃんなので、お風呂の中で溺れないよう、片方をだっこしているときは、片方は浮き輪の中に入れて立たせていた。一人を洗ってお風呂からあげるまで、浮き輪の中に入っていた片方はかなりのぼせていたに違いないが、なかなかよいアイディアだと思った。

父親の実家が隣の焼津市だったため、義母をはじめ親戚の皆があれこれと世話をしてくれた。その助けがなかったら、新米ママは困り果てていたに違いない。

アルゼンチン選手の子供たちと。左上が衆斗，右下が菜摘（1995年３月）

衆斗が初めてサッカーの競技場に行ったのは、生まれて三週目のことだった。三週間検診が目安となり外出ができるようになるのが一般的であるが、その翌日が試合だったため、タクシーにベビーカーを積み、サッカー場に応援に行ったのである。生まれたばかりの子供を埃《ほこり》まみれのグラウンドに連れていくなど一般的にはありえないので、さすがにこっそりと行った記憶がある。

こうして子供たち二人は、週末にはグラウンドに応援に行く、という生活スタイルとなった。

私たちが毎日のように行動を共にしていたアルゼンチンの選手の家族は、片言の日本語とスペイン語でコミュニケーションを取りながら、パパたちを応援。中には日本人の奥さんを持つ日本語が堪能な家族もいた。よく一緒に過ごし、試合の後や翌日には、必ずと言っていいほど近くの川へ遊びに行ってバーベキューをした。とりわけ仲良しの家族は、子供の年齢も近かった。同じ病院で出産し、出産後も子育てを共にした。

しかし、日本の子育てとは随分違う面もあった。アルゼンチン人のお母さんが――その方が特別だったのかもしれないが――出産後、赤ちゃんの耳にピアスの穴をあけ、看護婦さんに怒られていた。生後三日目くらいのお見舞いに駆け付けたとき、金髪の可愛い女の赤ちゃんはパールのピアスをしてすやすやと眠っていた。また、随分経ってからだが、哺乳瓶でコカコーラを飲んでいる光景も見た。

誕生会に呼ばれたときも、日本の子供たちのパーティーとは違っていた。始まるときは可愛いパーティー会場だったリビングが、終わりの頃にはめちゃくちゃになり、お化け屋敷のようだった。風船の中にたくさんの紙吹雪とラメが入れてあり、パーティー佳境の頃に割っていくため、とんでもない騒ぎとなって、最後は無残な部屋になるのである。過激で主張も強く、おとなしい私たち日本人はあっけにとられて見ていた。

藤枝は自然豊かな土地であった。アルゼンチン人にはウサギを食べる習慣があり、川沿いの山中にウサギが出てくると追いかけ回り、捕まえようとした。ウサギは私たちの感覚では可愛いペットなので、なんとか逃げてほしいと思って見守るしかなかった。

このような日本のあり方とは違った大変ユニークな生活を何年も見てきた。

福岡へ移転

その頃、Jリーグが盛り上がりを見せており、藤枝ブルックスも加盟したいと考えていた。だが静岡県には、清水にエスパルス、磐田にジュビロがあり、一つの県の中でも強豪がひしめいていたため、藤枝ブルックスはJリーグに加盟することができなかった。

このためチームは新しい形を取った。それは、チームごと場所を移転するという「誘致」という方法であった。サッカー界では初めてのことで、誰もが驚いた。

日本の中でいくつかの誘致先候補があったが、福岡県が熱いラブ・コールを藤枝市に送り、福岡のサッカー・ファンが何度も藤枝市まで試合の応援に来てくれていた。いつも夜行に乗って応援に来てくれた女性のファンを今でも忘れることができない。

そのようなラブ・コールのもとに五十万人署名が叶い、藤枝ブルックスは福岡に誘致された。四月の開幕戦に向け、チームの家族は皆冬のうちに引っ越しをした。その年の一月十七日に阪神大震災があり、引っ越しをするのは大変な状況であったが、なんとか私たちも一月二十五日には福岡市に移った。菜摘二歳、衆斗一歳であった。

北海道生まれの私は、南の土地に行くだけでもわくわくしていた。福岡市はとても温暖で、人間性も穏やかだった。都会でありながらも田舎の風情があり、札幌とどこか似ている。

東平尾公園のすぐそばにある「博多の森」は、今は「レベル５」という名前になっているが、その当時、福岡ブルックスが誘致されて建設されたサッカースタジアムである。

移住前、イタリアのセリエAの代表チームvs.藤枝ブルックスが「博多の森陸上競技場」で記念試合を行った。その試合を観るために、チームの家族の人たちと新幹線に乗って初めて福岡へ行った。

試合開始の際には、大きなスタジアムに上空からヘリコプターがやって来て、サッカーボールがグラウンドに落とされた。キックオフの瞬間、ナイターの光と写真のフラッシュとが重なってスタジアムが美しく輝いた。藤枝のサッカーチームの誘致を心から歓迎してくれているのだとわかり、私は感謝の気持ちでいっぱいになった。試合は大変素晴らしく、興奮して静岡へ戻った。

その半年後、家探しに来て今の住まいを見つけた。いよいよ福岡での生活がスタートした。山も海も街も、そして空港までもが大変近いという便利な立地の中に私たちは住み始めた。

知り合いはチームの家族のみだったので、友達づくりをするために、菜摘が藤枝で入会していたカワイ音楽教室に引き続き通った。さらに、新聞で見つけた福岡室内楽同好会を訪ねて入会した。

それでも毎日、ピアノの仕事はせずに、サッカー中心の生活を送った。

アビスパ福岡練習グラウンドにての菜摘と衆斗（1996年冬）

福岡ブルックスは一年で成績を出し、「アビスパ福岡」となった。ブルックスという名前が他の企業と重なっていたので改名することになったのだ。それまではブルドッグのマークであったブルックスは、「アビー」という名前の蜂をキャラクターとするようになった。

藤枝ブルックス時代に大きな怪我をした久保山選手は、膝の手術を乗り越え、チームをJリーグに昇格させるための原動力として活躍した。アビスパ福岡でプレーをした後引退し、その後はユースチームのコーチとしてチームに残った。それまで一緒にプレーをしてきたチームメイトたちは、それぞれの道を行くために福岡を去っていった。

アビスパ福岡でプレーする久保山選手（1996年）

アルゼンチンの選手たちは大変活躍したため福岡に残り、さらなるアルゼンチン・パワーを発揮し、アビスパ福岡を強くしていった。中でも、セリエAから移籍してきたトログリオ選手、アルゼンチン代表ディエゴ・マラドーナの弟ウーゴ・マラドーナが入団し、大変話題になった。

このような事情もあり、私たち家族はいつもアルゼンチンから来た家族と付き合っていた。英語は通じなかったが、彼らがどんどん日本語を習得していくので、言葉の壁はそれほど感じず、楽しい日々を送った。いつも外国人の子供たちと遊んでいた菜摘と衆斗は、それが当たり前の環境であり、今思えばかなり国際的な幼少期を過ごしたのではないだろうか。

ピアノ教室再開、バスティン先生との出会い

結婚後も音楽教室をやっていた私は、サッカー選手である夫を応援し続けるために、ピアノの活動を減らしたが、九州の土地に根付き、子育てをしながら音楽活動を再開した。年子の子育てに専念した時期もあったが、その間は音楽関係の本を図書館で借りて読みあさった。

たくさん読んでいるうちに「バスティン」という言葉に出会う。それが「バスティン・メソッ

ド」と出会うきっかけとなった。運が良かったのは、福岡のヤマハ営業の方が届けて下さった講座のチラシ、それはアメリカから来日するジェーン・バスティン先生の講座のお知らせだった。

とにかく行きたいという気持ちが抑えられず、ベビーカーを押して講座に参加。子連れだったので一番後ろに立って二時間勉強した。「目からうろこ」とはこのことだ……と思うほどの衝撃受けた。「このメソッドを取り入れたい!!」、「これしかない!!」と思う以外の何ものもなく虜になってしまった。幼児にピアノをどうやって教えるのか？　楽譜をすらすらきちんと読める子を育てるにはどうしたらよいのか？　一瞬ですべての謎が解けたようだった。

まもなく四歳になる菜摘に、このメソッドを試したいと思った。菜摘の通う幼稚園のママたちに、バスティンのグループレッスンの案内をした。数人集まったメンバーで幼児期のグループレッスンが始まった。一九九六年のことである。

幸運にもそれから二年後、福岡バスティン研究会の代表・福本幸子先生からのお誘いで、アメリカ・サンディエゴにあるバスティン先生の自宅で行われる研修セミナーに参加することになった。

私がピアノを習い始めたのは五歳で、昭和四十年代半ば。宇津城敦子先生は、その当時日本で主流だったドイツのバイエルを使わず最新式のアメリカの教材を研究しており、私にトンプソンという楽譜を使った。当時先生は、バスティン・メソッドの英語版を仲間と勉強していたそうなのである。そのように日本国内では勉強熱心な先生が英語版の教本と格闘していたのだ。

おそらく四十年以上前にバスティン・メソッドは日本に上陸したと思われる。故福田靖子（全日本指導者協会創立者）先生がアメリカのバスティン・メソッドに出会い、日本に導入するにあたりご苦労があったと聞いている。当時、ヨーロッパの教育が主流の日本においては、アメリカの教材を日本語版にして出版するのが難しく、全日本指導者協会と同じ所に東音企画という出版社を作って、バスティンの楽譜を世に出したという。

バスティン・メソッドは、ジェームス・バスティン、ジェーン・バスティンという夫妻が「どんな子供にも楽譜が読める」ようになるということをモットーに書かれた楽譜であり、自分たちの子供の教育に最も良い形で作られた。その子供たち二人が音楽家となって、ジェーン・バスティン（母）、リサ・バスティン（長女）、ローリー・バスティン（次女）という母娘三人で新しく楽譜を開発し、広まったのである。

私は幸運にも、当のジェーン・バスティンからセミナーを受けることができ、どんな子も楽譜が読めるようになる、と確信した。今までやって来たことがあまりに空しく思われたが、ピアノ教室をちょうど再開するにあたりふさわしい教材だと思った。結果としてはどの子も楽譜が読めるように育っていった。

ピアノという楽器は、両手を使うため、たくさんの練習時間が必要である。しかし日本では、ある一定の年齢を過ぎると子供たちが大変忙しくなるため、ピアノを辞めざるを得ない。塾、クラブ活動、受験、思春期などさまざまな状況の中でピアノを続けることが難しくなるのである。

しかし音楽は、始めたら終わりはなく、生涯の友として楽しめるものである。練習が嫌いになって辞めてしまうと、それがコンプレックスとなり、ピアノを一生弾かないこともある。その解決法として、楽譜が読めるようになれば、ピアノを一生弾き続けることができる。バスティン・メソッドを使うと楽譜が楽に早く読めるようになるため、それに伴う努力が軽くなる。

一般的に、耳は八歳くらいまでは天才と言われ、暗記力は十八歳がピークと言われる。小さい子供たちは音楽を簡単に覚えてしまい、楽譜を見ないで弾いてしまうことが多い。

しかし、天才期限の八歳位を過ぎると、かなりの努力をしなくてはその能力を持続することができない。日本の教育で一番忙しくなる時期とこの天才期限が切れる時期が重なるため、子供たちは厳しい選択を迫られる。楽譜が簡単に読めれば、それらはすべて解決できるのに。

1999年，ジェーン・バスティン先生と福岡にて再会

子供は、親のしゃべっている言葉をそっくりまねてしゃべることができる。その能力は音楽をする能力と同じである。しかし、文字を読めなければ本が読めないように、音符が読めなければ楽譜は読めないのである。文字が読めればどんな本でも読めるように、音符が読めればどんな音楽も演奏することができるのであるから、楽譜を読まずに耳から音楽を覚えて演奏するより簡単に練習を済ますことができる。つまりピアノを辞めなくて済む、ということになる。

このようなメソッドを使って育てられた子供たちは大変幸せだ

と思う。

バスティン・メソッドの効果

バスティン・メソッドでは、「見て考える、聴いて考える」という方法を小さいうちから繰り返していく。そうして確実に身に付けていく方法なのである。

まず、楽譜を見て考える作業は、目と脳の連結である。いくつかのゲームを子供にさせると大変有効であるが、この「見て考える」のが幼児期には大変難しい。楽譜は横へ横へと読んでいくため、目を横へ横へ動かして考えることができるようになれば、あとは鍵盤の高さにセットした指を、指の番号通りに動かしていく、というもの。

指が動いて、出した音をじっくりと聴けば、それが美しい音色かどうか、次は出したい音色を考えてから弾く……そこで考える。そのように、ピアノを弾くという作業は、指で鍵盤を叩くのではなく、見て・考えて・歌いながら弾いてその音を聴く……このような連携プレーの連続なので、脳をずっとフル活用している。耳だけに頼って覚えて弾くのではないから、いつも集中して音楽の流れを聴くという作業が必要になる。

十本の指に正確に番号がついていることや鍵盤の名前を正確に覚えることが重要で、鍵盤の位置は音の高さを示すものとなる。

次に、音符の長さを刻むリズムリーディングの作業。そして曲の速さと音の強さの設定。「高さ／長さ／速さ／強さ」の四つを一瞬にして読み取る力をつけていく。この作業がスピードアップされると、楽譜が早く読めるということになる。譜面を見て高さ（鍵盤の位置）をセットし、長さを刻み、曲にあった速さで強弱を伴った音の変化を楽しむ、ということが楽譜を読むという作業のスタートになる。

初めて見た楽譜を読むことを初見という。この初見が早ければ早いほど、練習は短くて済むのである。現代の忙しい日本の子供たちにとって、ピアノの練習時間が短いというのは大変有難い。特にスポーツをしている子供たちにとっては、一日二十四時間の中で学校の勉強とスポーツを両立させるのは大変困難であるし、また、受験で学習塾に通う子供たちにとっても、ピアノの前に座る時間が短くて、ピアノを続けることが困難である。

これらのことを乗り越えてピアノを続けていくことができる人は、短い時間でピアノを弾ける能力が身についている人である。バスティン・メソッドは、このようにピアノをやめなければならなくなってしまう年齢の子供たちを救う。

私がピアノを習い始めた昭和四十年代は、このバスティン・メソッドが日本語に翻訳されていなかった時代で、音楽教育はドイツ式が中心であった。西洋音楽という難しい勉強をしなければならず、大変厳しいと思われた。

バスティン・メソッドが翻訳されて三十年余り……今や日本全国にこの教本が浸透している。脳トレーニングを伴い、「長さ／高さ／速さ／強さ」を一瞬で読み取らせていくこのメソッドは、本当にすごいのである。そして、全調メソッドであることも素晴らしい。

このように、音符が読めれば、次には作曲家の意図を知る、様式を知る、その曲の構成を探る、という作業へも早く行きつける。脳科学的にピアノを習うということは、脳のトレーニングになり、HQを上昇させ、人間性も磨ける、という仕組みになっているというから大変面白い。

このメソッドに出会って、私の音楽教育のあり方はすごく広がり、今に至る。育児中に読んだ本の中に出てきた、たった一行の「バスティン・メソッド」という言葉がヒントとなり、ここまで来れたのである。このメソッドに取り組みたい方は是非、東音企画で調べてほしい。素晴らしい未来が待っているのは間違いない。

進化してきたピアノ

楽譜が読めるようになったら、ピアノの歴史も学ばなければならない。

鍵盤楽器ができてから今の時代に至るまでを四つの時代に区分することができる。

日本が江戸時代の頃、つまり一六〇〇年代に、ヨーロッパでできたチェンバロなどの楽器をもとに作られたバロック音楽。この時代は教会主流で音楽を考え、音楽家は貴族の雇われ人である。代表的な作曲家は「音楽の父」と呼ばれるJ・S・バッハ。バッハが亡くなるとバロック時代は幕を閉じ、クラシック時代に変わる。ハイドン、モーツァルト、ベートーヴェンを中心とする貴族社会で繁栄した形式的な音楽である。

ベートーヴェンは気難しい性格だったため、その当時のピアノでは彼の感情が表現できず、ピアノメーカーはベートーヴェンの気に入るようピアノを改革していく。それがピアノの産業革命となり、今のピアノに近い、大きな音が出せ、鍵盤数が多くて、頑丈で表現力のあるピアノに改革されていく。

その次にやって来たのはロマン派時代。貴族社会の音楽から、貧富の差を超え、人々が感情を表現することができる時代となる。この時代のピアノにはペダルがある。人の感情や風景などの描写を表現したものが多く、曲にタイトルが付けられている。

一九〇〇年代に入り、「近代」と呼ばれる時代はフランスの印象派などを中心にそれぞれが自由で個性的。音楽界もモダンな時代に突入し、現在へと続く「現代」という時代が四つ目の区分である。

バロック、クラシック、ロマン、近現代、この四つの区分を「四期時代別」などと呼ぶ。この時代の様式を知らずして弾いていくと、様式感のない演奏になってしまう。また様式だけではなく、その時代に生まれた作曲家の背景、国の情勢などが音楽に大きく影響している。

音楽とは単に音の並びではなく、このように背景を持っているのである。

アンサンブルのすすめ

ピアノは一台の楽器でオーケストラ分の表現ができると言われているので、一人で何でもできてしまえるように思える。しかしながら、ハーモニーを奏でるということはたくさんの音が協調して交わるということであり、アンサンブルという複数の人で行われる音楽教育が重要となる。

一人で数人分のアンサンブルをやるピアニストは大変だが、複数の人でそのパートを分けて勉強すると協調性も身につく。

オーケストラの楽器の中でも、ヴァイオリン、ビオラ、チェロ、コントラバスという弦楽器との共演、もしくはフルート、クラリネット、オーボエなど木管楽器の方たちとのアンサンブル、他にも金管楽器や打楽器などいろいろ考えられるが、アンサンブルをすると音楽が広がり、深い表現ができるようになっていく。こうした能力が実はピアノのソロ演奏に大変役立つのである。

小さければ小さいほど耳も感性も鋭い。上手くなってから……では遅く、ピアノの購入にしても、アンサンブル体験にしても、「上手くなってから」ではなく「上手くなるために」早い時期にすることが大切である。

よく、「上手になってから」という意見を聞くが、それでは時遅し……。小さい頃が天才なのもお忘れなく。最近は脳科学者の方々がピアノのお稽古についての評価をして下さっているので、ぜひいろいろな本を読んでみてほしい。

継続は力なり

ピアノは、毎日一定の時間練習したり、十本の指をスムーズに動かし、脳のトレーニングをすることによって上手になっていく。練習を怠れば、目に見えて指の動きが悪くなる。継続はピアノにとってなくてはならないものであり、一旦始めたら一生涯学習し続けていきたいものである。

たとえ、ピアノを習う（ピアノ教室に通う）という行為を卒業したとしても、ピアノを弾くことは可能である。これを継続すれば、人は心が癒され、感情が満たされ、豊かな生活を送ることができる、と私は信じている。

演奏は、自分そのものである。「努力は裏切らない！」

他のこともそうではあるが、指先の神経を動かす繊細な作業こそ、怠らずに毎日行うとよい。やってもできないなら仕方ないが、できないのはやっていないから、であることが多いもの。やる人とやらない人との差がつく。やっていない人ほど「できない」と言うことも多い。ちょっとやってできることなら誰でもできるのであるが、一生懸命できるようになるまでやった人こそ、できるのである。

継続は力なり、これしかない。

菜摘、ピアノとバレエを始める

福岡市南区の大橋駅には、ヤマハ音楽教室とカワイ音楽教室が隣り合わせにあった。私はこの二つの音楽教育法に大変興味があり、菜摘を両方の音楽教室に通わせることにした。

一歳児と二歳児の年子の二人を連れて通ったが、年齢が違うため同じクラスには入れなかった。そこには二年間所属したが、居心地の良い楽しいクラス体験させてもらうことができた。

それを参考に、もともとピアノ教師である私は、菜摘と衆斗のために自宅でもう一度ピアノを教えることにした。と同時に、菜摘にクラシック・バレエを習わせることにした。もともと音楽と踊りには深い関わりがあると考え、クラシック・バレエを娘に体験させたいという想いがあった。

福岡市にはたくさんのバレエ教室があった。私たちの住んでいる大橋から車で十五分の「石田絵理子バレエスクール」を見学に行った。菜摘三歳の誕生日であった。出かけるときはいつも双子を連れているような状態であったが、快く見学を受け入れて下さった。

スタジオへは古くて急な階段を昇った。見学を終えて帰ろうとしたそのとき、衆斗が階段の上から真っ逆さまに落ちていった。大きな声で泣き叫ぶ男の子に周りは大騒ぎ。まるまると太っていた衆斗を抱きかかえ、バレエスクールの先生が医務室に運んでくれた。そこで衆斗は手厚い介護を受け、菜摘も私もすっかりこのスクールの関係者の方々にお世話になってしまった。

本来、どこのバレエ教室も四歳からの入会で、三歳の菜摘は見学には行ったものの、教室に入ることはできないと思っていた。

「お嬢ちゃん、いくつ?」

と尋ねられ、

「今日で三歳になりました。まだ入れないけど、見学できて楽しかった」

と菜摘。

「バレエは好き?」

「うん」

と答えた菜摘に、

スプリングコンサートの準備をする菜摘（2005年春）

「それじゃあ、お稽古にいらっしゃい」

と言われた。私は意外な答えに驚いたが、内心、「やった!」と思い、菜摘より先に私が元気よく、

「はい」と答えていた。菜摘はおそらくあまり理解していなかっただろうが、親の私はガッツポーズであった。

翌週より、母子三人でバレエ教室に通い始めることになった。週一回一時間のバレエ・レッスンは、私たちにとってとても楽しい時間となった。衆斗もスタジオの雰囲気にすっかり慣れてしまい、レッスンが始まるとぐっすり床の上で眠った。

入会して半年、三歳六カ月の秋、菜摘にとっては初のバレエの発表会があった。二千人収容のホールはほぼ満席。私は衆斗を抱っこして、ドキドキしながら客席で見ていた。小さな菜摘が、他の幼児科のお姉ちゃんたちと一緒に華やかで可愛い衣装で登場してきた。そのときの感激は今でも忘れられない。

このバレエ教室に、菜摘が東京進学で退会するまでお世話になった。どんなにピアノが忙しいときも、十三年間ほとんど休まず、バレエの発表会に立たせていただいた。

ピアノ・デュオで金賞を受賞

菜摘は三歳からバレエを始め、ピアノの方は私の元で四歳からスタートさせ、個人のピアノ教室に五歳から通うようになり、六歳でコンクールの全国大会に出場するようになった。その頃からいろいろなピアノでのステージとバレエのレッスンや発表会の練習が重なるようになった。日にちが重なっても、時間が重なっていなければ何とかして出演させてやりたい、との思いでスケジュールを立てていった。

あるとき、こんなハラハラするようなエピソードがあった。菜摘が小学一年生のときである。ピアニストとして世界的に有名なザイラー夫妻の開催する「かやぶき音楽堂ピアノデュオコンクール」に出ることになった。菜摘は、私の教室の同い年のとても優秀な女の子とペアを組み、出場したのである。

予選を通過すると、本選が京都であるということで、家族旅行を計画するほど盛り上がった。そんな中、バレエスクールの発表会がこのコンクールの翌日で、前日がリハーサルということがわかった。

この二つのイベントを何とか両方こなす方法を考えた。賭けではあったが、体力に自信のあった私たち母娘の決断は、京都での演奏と福岡サンパレスで行われるリハーサルを掛け持ちすることに。

「かやぶき音楽堂ピアノデュオコンクール」１・２年のクラスにて金賞を受賞。手前が菜摘（1999年秋）

コンクール前日に京都へ行き、まずトロッコ電車と嵐山観光。私の両親も一緒に行っていたので、家族でホテルに宿泊。翌朝は、ホテルのロビーのピアノを借りてのデュオの練習。すべてのスケジュールが見事にうまくいき、晴れてかやぶき音楽堂のステージ……。

栗がたくさん落ちている音楽堂の庭。紅葉に映える美しい茅葺《かやぶ》き屋根。このような日本古来の風景の中で、小学一年生のデュオ・チームは堂々と演奏し、インタビューに答えた。

審査員の先生方は大変優しく接して下さり、ザイラー先生も他の外国人の先生も日本語が大変上手で、二人を誉めてくれた。衣装もお揃いで、相手も「なつみちゃん」で名前も同じだったことも印象的だった。

ステージが終わると同時にすぐ京都駅に向かえるようにと、外にはタクシーが待っていた。演奏とインタビューに満足しながら笑顔で別れた二人。菜摘も衆斗も私も、もちろん名残惜しい気持ちで福岡へ向かう新幹線に飛び乗ったのである。

そして博多に着いてすぐに、行動を共にしていた福本幸子先生の車に乗せてもらい、福岡サンパレスへ。ホールに着くとまもなく緞帳《どんちょう》の開く雰囲気が伝わってきた。ぎりぎりセーフでステージ裏に到着し、リハーサル・スタート。

ステージ上で待機していた同じクラスのお友達の並ぶ列に合流し、幕が上がったのである。ひやひやものだったが、迎えに来てもらった車がワゴン車だったので、車内でバレエの衣装に着替えることができ、本当に有難かった。このリハーサルに出られなければ、翌日の二千人ホール満席の中で踊ることはできない。……本当に出られて嬉しかったに違いない。

リハーサルが終わった後、電話でデュオの相手のお母さんから「金賞受賞」の報告があった。そこでまた涙！　本当に頑張ってよかった、間に合ってよかった！　の一言に尽きた。

このようにして、菜摘は何でも「やればできる！」ことを学んでいった。

六歳でモスクワ研修へ

一九九八年の秋、PTNA《ピティナ》（全日本指導者協会）主催モスクワ研修ツアーに六歳の菜摘の参加が決まった。「鳥栖《とす》ピアノコンクール」と、「ピティナ・ピアノ・コンペティション」の受賞において、その二つのコンクールの審査員であった池川礼子先生が推薦して下さったのである。

その年は日本・ロシア国交記念年で、九月に小澤征二さんがオーケストラを率いて音楽交流をしに行ったと聞いた。第二弾として、日本の若手ピアニストたちのピアノ演奏の交流が企画されていた。その中でも菜摘は最年少で特別に連れて行ってもらうことになった。

当時、周りの人たちから反対され、それを押し切っての決断。唯一、私の父が「あなたの子供だから、あなたの思うように育てなさい」と。この一言に決断揺るがず前に進むことができた。

その頃のロシアにはまだ日本から行く人も多くなく、情報も少なく、ましてや六歳の子供が演奏旅行に行くなどという発想に至らないのは当然のことであり、周りが反対するのは無理もなかった。菜摘本人にとっても、もちろん初めての海外遠征。私はかつて行ってみたかった都市の一つとしてわくわくした。

しかし、海のものとも山のものともわからない、まだ音楽の力もままならない幼稚園児。たかが六歳、されど六歳。何ができるかわからないながら、私自身が行きたいという気持ちも手伝ってこの決断をした。ところが六歳の菜摘はこのツアーを真剣に受け止め、着々と演奏の準備をし、着物もドレスも持参して颯爽と成田に向かったのだ。

もともと手のかからない六歳児ではあったが、ツアー中は疲れ知らずで駄々をこねることもなかった。すべてが興味津々で興奮しているようだった。

日本では、子供のためのステージは環境も良く、ドレスも華やか、コンクールや演奏会が子供や親たちの憧れの的になるほどで、ロシアの情勢とかなり違っていた。

日本の整備のできたピアノとは違い、どうしてこんなにひどい楽器で練習しているのだろうと思うことしかり。もちろん日本のように子供用の足台もなく、レンガを積み重ねて足を置き、椅子は板を重ねて高くした。

素晴らしい音楽家をたくさん輩出しているグネーシン音楽学校の中にあるピアノといったら、調律もされておらず、弦が切れてもそのままといった状況で、環境はかなりひどかった。

そんな中で育ったロシアの子供たちが素晴らしい音楽家になるのはなぜだろうか、と考え込んでしまった。しかしだからこそ勉強したい、と思うのかもしれない。一枚の絵を観るために何時間も並ぶ人々……バレエやオーケストラ・コンサートなどに人があふれていたりで、日本では信じられない状況だった。テレビやゲームで遊んでいる日本の子供たちに引き換え、ロシアではこのようなことが楽しみで出掛けて行くのだと思った。行列も無理はない。

そのようなことを考えて薄暗いモスクワの空を見たり、ホテルから街を眺めたり、日本との違いについて菜摘と話し合った。この六歳の少女は時差ぼけにもならず、病気一つせず、疲れ知らずであったし頼りになった。

菜摘を最年少として、二年生、四年生、中学生、高校生、音大卒業生の演奏者とその先生方と親たち。福田靖子先生が率いる一週間の旅であった。

初めてロシアに行った私たちが最初に旅行ガイドさんから注意を受けたのは、「日本人にたかる子供に注意せよ」。これには驚いた。ホテルを出ると、菜摘くらいの年齢の可愛い金髪の女の子が出入り口で待っている。手を出してくるのを横目によけながら地下鉄の駅に向かう毎日だった。

地下街を歩いて地下鉄乗り場に行くときも、人と目を合わせない……などいくつかの点に気を付けて、よそ見をせずまっすぐに学校に向かった。スリに気を付けなければならなかったからである。

学校へ着くと、コートを掛けるための大きなロビー、蓋も便座もないトイレなど、日本とは全く違う。きょろきょろしながら案内され、レッスン室へ向かった。

ピアノのレッスンを師事したのはタチヤーナ・ゼリクマン先生。菜摘の曲は、ロシアの作曲家チャイコフスキーの「古いフランスの歌」、カバレフスキーの「道化師」、「ロシア民謡による変奏曲」、レビコフの「遊ぶ兵士」と、日本の作曲家である平吉毅州さんの「真夜中の火祭り」。

先生は、日本の小さな女の子を見たのは初めてだったのかもしれない。かなり力のこもったハグとキスの嵐でレッスンが開始された。

まずは演奏を聴いて下さり、その後の指示はかなり内容の濃い説明と指の訓練の仕方であった。

日本ではあまり見られない、指を鍛えるための練習方法を六歳の菜摘が理解できたかはわからないが、先生はかなり熱を入れた指のトレーニングに時間をかけていた。このようなトレーニングを毎日続けたらかなり指が強くなるだろう、と思われる素晴らしいレッスン内容に感心した。

曲作りもかなり内容の濃いもので、歌い回しは私たち日本人が考えている以上に大げさなものに感じられた。ロシアの独特な民謡からくるメロディーなどもレッスン中に先生はたくさん歌ってくれた。

翌日、モスクワ音楽院の中にあるラフマニノフホールで、日本から来たピアニストのトップ・バッターとして菜摘が演奏。レッスンの成果が出たのか、自分を精一杯表現していた。観客はやはり日本の雰囲気とは違い、派手でオーバー・アクション。さらに「ブラボー」の声、声、声。

演奏会の前にはラジオ取材を受け、インタビューに答えていた菜摘。小学生以上の子たちがラジオの取材に対してみんな遠慮・拒否したため、一番小さな菜摘が興味津々で取材を受けたのである。「小さいことはいいことだ」と、そのとき実感した。最年少で可愛がられる特権がたくさんあったのである。

翌日、もう一回レッスンを受け、その翌日はプーシキン美術館ホールでのコンサート。非常に由緒のある美術館の中にピアノがあり、彫刻や絵画に囲まれた素晴らしいサロン風のコンサート会場であった。コンサート内容が日本とロシアの交流を記念したものであったため、テレビ局や新聞社の人々がたくさん来ていた。ここでも取材の的になったのは最年少の菜摘。

おそらくロシアでは、このような幼稚園生がわざわざ海外から演奏旅行に来るなどということはないのだろう。さらに、和服を着ての演奏とあって注目された。インタビューもかなり長く、初めての着物での演奏、テレビカメラにも緊張したに違いない。ロシアの素晴らしい演奏者たちばかりが集まり、特にロストロポーヴィチ財団から奨学金を授与されている学生が多く、予想以上に盛り上がった。

コンサート後のパーティーでも、着物姿で大人気の六歳は、常にハグとキスと抱っこの嵐で、興奮したに違いない。日本のメンバーからもロシアの人々からも可愛がってもらい、本当にこのツアーに参加して良かったと思った。やはり、小さいことはいいことだ――これが今でも私の持論である。

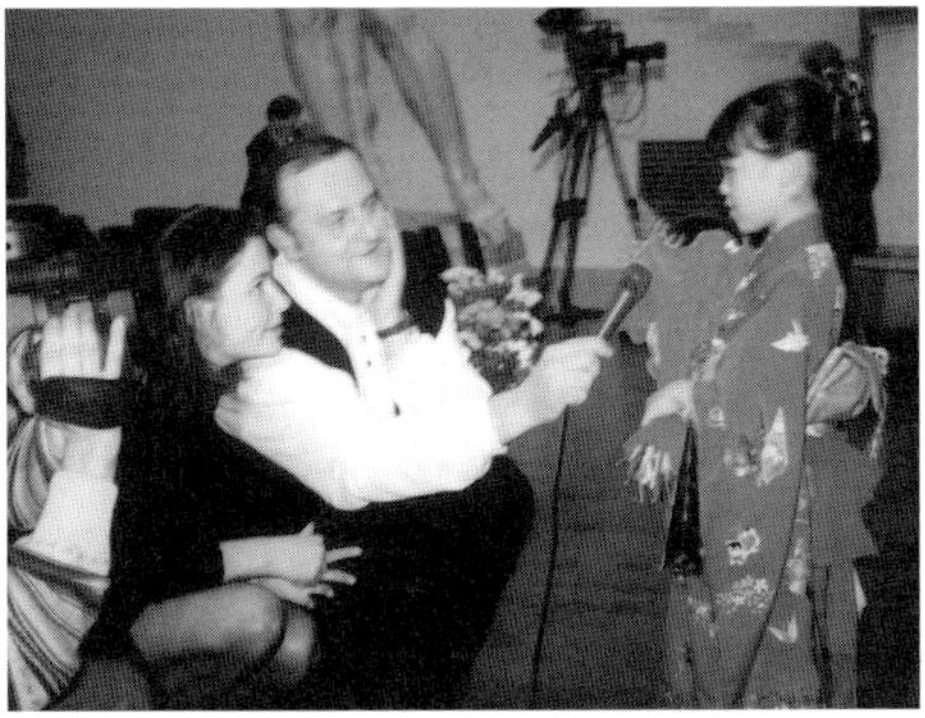

プーシキン美術館ホールにて着物で出演，モスクワテレビの取材を受ける菜摘（1998年11月）

このようにして、レッスンと練習とコンサートが続いた。グネーシン音楽学校に通ったラストの日、この学校の講堂でグネーシン音楽学校の生徒たちとの交流コンサートがあった。中にはニコライ・トカレフという日本でもブレイク中の天才ピアニストがいて、日本人の間で話題になっていた。

私は、オーストリアのザルツブルク音楽祭で、グネーシン音楽学校卒業生の天才ピアニスト・キーシンの演奏を聴いたことを思い出した。トカレフを思わせる細身で目を見張るテクニック！

たくさんロシアの天才が、設備の整っていない環境の中から世界に出て有名になる。調律がされていないピアノや弦が切れたピアノがほとんどを占める練習室で、素晴らしい音色を奏で、テクニックを鍛え演奏するロシアのピアニストたち。それはこうしたロシアの環境の産物なのかもしれない。キーシンに次ぐ天才トカレフもこの日、素晴らしい演奏を披露し、スーパースターだった。

こうして、日本の音楽環境がすぐれているということに感謝しながら、ロシアの音楽家たちの素晴らしさに酔い痴れた。このモスクワ・ツアーの感激が菜摘の人生に大きく関わることは間違いないと思った。みんなにもてはやされ、可愛がってもらったことが、最年少ピアニストとしてモスクワに行った最大のご褒美になったのは言うまでもない。

ホテルのチェック・アウトの朝、菜摘は「帰りたくない」と言って私を困らせた。ホテルのベッドでは目を真っ赤にして泣いていた。

最終日の観光は、「白鳥の湖」のモデルになったといわれる湖と修道院、赤の広場、クレムリン、モスクワの町並みなどをバスで回った。お土産には毎日見慣れたマトリョーシカが人気で、たくさん買った。最近ではいろいろな所でマトリョーシカを見るが、まだその頃は珍しかった。

私たちにとっての貴重なロシアとの交流から帰り、春には初めてのピアノ・コンチェルトのステージが決まっており、今まで以上の練習も待ち受けていた。たくさんの思い出を日本に持ち帰った菜摘に、親としてまず最初にしたことは、我が家での外国人受け入れ、ホームステイであった。

我が家に音楽家のホームステイを

一九九九年二月、初めてのホームステイとしてリトアニア国立民族舞踊団の音楽家を二人受け入れた。東京八王子の「フォルクロールレポート」の増永哲男さんは、東ヨーロッパの民族舞踊団を毎年日本に呼んで全国ツアーを行っている。ホームステイのきっかけは、一枚のチラシであった。ロシア・ツアーから戻った私は、海外の方たちとの接触を積極的に探した。ちょうど、福岡県春日市国際交流協会が受け入れをしていた東ヨーロッパの国々の民族舞踊団のチラシを見て、ホームステイ募集を知った。すぐに電話をかけたところ、一番乗りであった。

初めてのホームステイということで周りは心配したが、こちらが行くより簡単にヨーロッパの人と触れ合うことができるからと、受け入れを決心。一番喜んだのは菜摘である。なにしろ日本に帰ってくるなりまたヨーロッパに行きたいと言っていたので、絶好の機会だった。

さて、リトアニアという国についての知識はほとんどなかったが、バルト三国の一つで大変ロシアに近い文化だと思っていた。モスクワでは毎日、「スパシーバ」(「ありがとう」のロシア語)と言っていたが、その言葉が使えたら……いや、通じるだけでうれしかった。

やって来たのは、民族楽器を演奏する夫婦であった。菜摘と衆斗を大変可愛がって下さり、こちらも大いにもてなすつもりでいたが、大変質素な方たちで、こちらの考えているようなもてなしは

ホームステイ中のトランシルバニアから来たルーマニアンジプシーの方たちと一緒の菜摘，衆斗（2000年２月）

必要なかった。ただ日本の家に滞在し、日本の人たちと触れ合う、それだけで充分のようであった。日本人はおもてなしを大事にし、時として派手になりがちであるが、彼らは決してそれを目的とはしていないことがわかった。

とても良い経験ができ、それから病みつきになった。リトアニアに始まり、ルーマニア、スロヴァキア、チェコ、ポーランド、ボスニア、ハンガリー、マケドニア、クロアチア……。

中でもルーマニアンジプシーの踊りは刺激的で人を虜《とりこ》にする力があり、何度か受け入れをしたがとてもフレンドリーであった。ハンガリーには独特の民族性があったし、ポーランドはショパンの祖国であり、マズルカ、ポロネーズという踊りを踊ってもらえて嬉しかった。

私たちはすっかりヨーロッパの伝統的な民族音楽の虜にさせられてしまったし、ヨーロッパの国々の文化と歴史を少しだけかじらせてもらい、有難い限りであった。英語が通じないことも多く、身振り手振りや絵を描いて説明したりした。

ホームステイは二人一組で一軒に割り振られ、二十軒程必要なため、ピアノ教室の親御さんたちも受け入れに協力をしてくれるようになった。菜摘がホームステイをとても楽しんでいたので、ピアノ教室のみんなにも伝わっていった。

帰りの見送りの際には必ず大泣きとなり、しがみつき、帰った後が大変であった。たった数日間（一週間以内）であるが、人と人が出会い別れるという形はとても感情表現に影響が出る。生きた勉強であると確信した。

受け入れを協力してくれた生徒たちの家族も大変良い経験になると話している。毎年たくさんの方々がこの経験を求めて参加するようになった。時にはこの経験を作文に書いて賞を取り、大絶賛された子もいた。幼児期～思春期の子供たちの心に深く刻まれる思い出となることは間違いない。

そして我が家はこの民族舞踊団のホームステイを続けながら、さらに年間を通して諸外国の方がホームステイをするようになった。

初めてのピアノ・コンチェルト

一九九九年三月、菜摘の人生において初めてのピアノ協奏曲の演奏会出演。この演奏会は、一九九八年夏に行われた「鳥栖こどもピアノコンクール」の第一位受賞のご褒美であったが、六歳にしてピアノ協奏曲が演奏できるのは夢のようであった。

私自身のことでは、二十三歳のときに一度、内藤彰さんの指揮によりモーツァルトの「ピアノ協奏曲二十三番」を、東京ニューシティー管弦楽団と共演したことがある。ピアニストとしてピアノ・コンチェルトは最高に気持ちの良い感動のステージである。こんな体験を小さいうちにできる

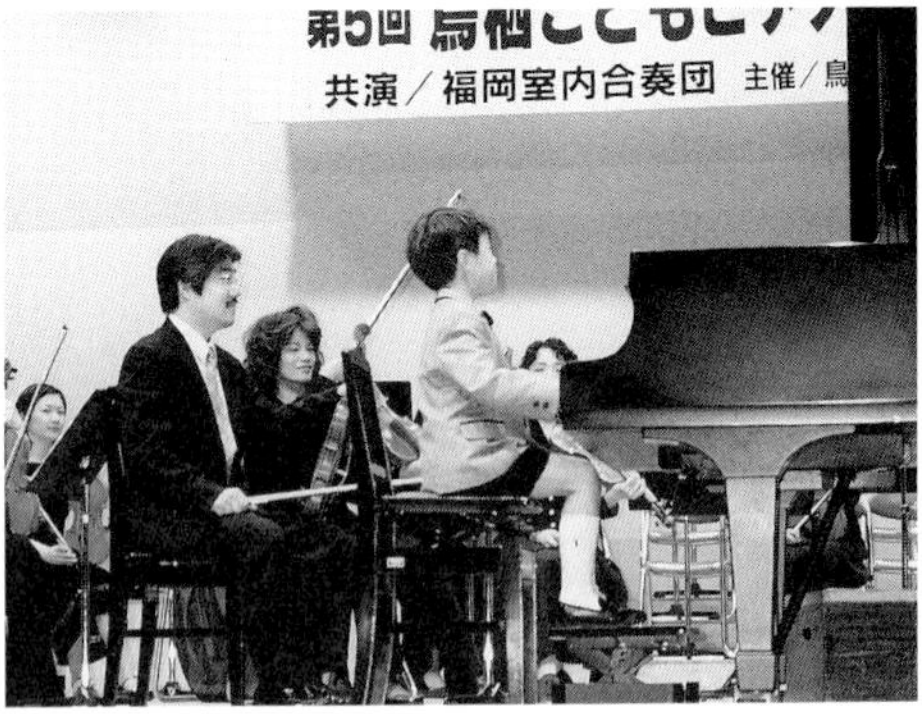

「鳥栖こどもピアノコンクール」受賞コンサートにて初めてのピアノ・コンチェルト。菜摘6歳（1999年3月），翌年衆斗6歳（2000年3月）

なんて、すごい。小さいうちから体験したほうが絶対効果的である、というのが今でも私の持論である。

六歳というのは世間的にはとても幼く未発達なイメージがあるが、音楽に感動する力はかなりあるはず。このような素晴らしい体験、幼少期の経験が、今後の音楽人生を支えていくのである。

三月末、鳥栖市民文化会館大ホールにて越部信義作曲「おもちゃのチャチャチャ」を福岡室内楽奏団と演奏。翌年、弟の衆斗も同コンクールで一位を受賞し、同じようにピアノ・コンチェルトを体験することができた。

年子の二人が同じ年齢で、人生初のオーケストラとのピアノ・コンチェルトを味わえ、親の私としてもこんなに嬉しいことはなかった。私とは違ってこの二人には、小さいのによく楽器の音が聞こえているらしかった。CDやラジオから聞こえてくるオーケストラ……私の耳にはオーケストラ丸ごとが聞こえてくるのに、「このオーボエの音、素敵だね！」とか「この二人のフルート、きれいだね」とか「今の太鼓、かっこいいね」とか会話しているのだ。小さいうちからオーケストラの音楽をたくさん聴かせると、一つ一つの楽器がちゃんと聞こえるようになるんだと実感した。

このオーケストラとの共演をきっかけに、毎年ピアノ・コンチェルトができるような環境づくりを始めた。「夢コン」という夢のようなコンチェルト体験は、コンクールとなって世に出現していた。その「夢コン」全国大会に出場するため何度も大阪に行った。

ホームステイ受け入れが国際コンクールの夢に

初めてホームステイを経験した翌年、ルーマニア共和国のトランシルバニア地方のジプシー民族の人たちがやって来た。音楽は素晴らしいものの、言葉が通じない。ところが、身振り手振りで生活できるのだと知り、かえって楽しい時間を過ごした。

文字が書けない、読めない人たちで、一流の音楽家なのに楽譜も読まない。おそらく伝承教育ですべてをまかなっている村のスーパースターだったのだ。その人たちを通して、世界のさまざまな生活のあり方を間近で見るような刺激的な数日を過ごした。

翌年のスロヴァキア民族舞踊団は英語の通じる人たちで、音楽も大変華やかで、また違った楽しさを味わった。

一年に一度ではあったが、三年目のホームステイでだんだん慣れ、衆斗、菜摘の小学校にもお連れし、クラスで国際交流を行ってもらった。クラスの先生もみんなも喜んだ。

あまりに楽しくて、毎回帰り際には目をはらして泣く菜摘につられ、私も悲しかった。

そこへ一通の郵便が届いた。それはピティナの会報で、過去のスロヴァキアで行われた「フンメル国際ピアノコンクール」の情報が記載されていた。今まで気が付かなかった国際コンクールの情報に目がとまったのも、スロヴァキアの人たちが帰った直後の高まる感情の中であったからに違いない。それが翌年、スロヴァキアに行くきっかけとなった。

「スロヴァキアに行ってみたい……」

それから、フンメル国際ピアノコンクールに向けての資料集めが始まった。

引率は、大変有名なピアニストの杉谷昭子先生。そうして福岡・東京の杉谷先生のレッスンが始まったのである。

スロヴァキアでのフンメル国際ピアノコンクール

二〇〇一年秋、スロヴァキアの首都であるブラチスラバへ行くことが決まった。

ピアニストの杉谷昭子先生がブラチスラバで数年ごとに行われている「フンメル国際ピアノコンクール・ジュニア部門」を審査されていて、十一月に日本からのツアーが出ることがわかった。

ところが、ニューヨークではその秋、大変なことが起きた。アメリカ同時多発テロ事件である。

コンクールの申し込みはその後だった。世界中が恐怖におののいている中、ヨーロッパ行きは周りの人たちの反対にあった。

しかし私たち母娘の気持ちは固まっていた。再び私の父が賛成してくれ、母が衆斗を快く東京の私の実家で預かってくれることになった。

モスクワ以来三年ぶりの、二人でのヨーロッパ遠征が決まった。ジュニア部門のカテゴリーⅡ、三年生のクラスで受ける菜摘は、フンメルのエチュード二曲と邦人曲ともう一つ自由曲を弾くことになった。バルトークの「ルーマニア民族舞曲」と平吉毅洲作曲の「真夜中の火祭り」を選曲した。

そして、日本からたくさんの受験者が杉谷先生とともにスロヴァキアへ出発した。菜摘九歳（三年生）、最年少。小学校高学年、中学生、高校生と総勢十名以上の音楽家を目指す人たちに囲まれ、楽しい一週間を過ごした。

子供たちはすぐ仲良くなり、ホテルの部屋に集まってはトランプをはじめいろいろなゲームをして夜も盛り上がった。

朝起きて学校へ行き、ピアノ・レッスン、練習、コンクール、受賞コンサートと、毎日刺激がたくさんあった。短い休憩を使って、近くのお店に民芸品や民族衣装を探しに行った。

その町を観光する時間も杉谷先生が作って下さり、ブラチスラバのお城で夕食会も行われた。雪が降っていてとても寒かったが、子供たちは雪合戦をしたりして楽しんだ。コンクールが終わった後で、とても自由な気分だったのであろう。お城の庭を駆け回っていた。

室内と屋外の温度がひどく違っていたせいか、菜摘は毎日のように鼻血を出した。このツアーで

スロヴァキアの「フンメル国際ピアノコンクール」受賞記念のツアーにて。中央が杉谷昭子先生，左でクマを持っているのが菜摘（2001年11月）

一緒だった重野美樹先生のご主人（重野家は、美樹先生夫妻とお嬢さん二人、計四人の参加）はお医者さまで、菜摘をいつもお姫さま抱っこして鼻血を止めてくれた。

ある日、杉谷先生のレッスン前に菜摘が鼻血を出した。その日は大変ひどくてなかなか止まらない。レッスンが迫る中、待っている間、片方の鼻にティッシュを詰めて止めるが、反対側からも流れ出てくる。両方の鼻にティッシュを詰めると、今度は口の中に血があふれドラキュラのようになった。皆が笑ったが、菜摘はうがいをするなどして必死で鼻血を止める努力をした。

いよいよレッスンが始まり、一旦は止まったが、鼻血のことを知らない先生は、頭が痛くてしくしく泣く菜摘を不思議に思い、レッスンは延期になった。後で笑い話になったが、出血多量で具合が悪かったのだ。

そんなこともあったが、このツアーでも、モスクワのときのように最年少で皆に可愛がっていただいたことはまたまた宝となった。

コンクールの結果は、カテゴリーⅡの第一位と最年少優秀賞受賞で、大きなクマのぬいぐるみをもらった。その土地で買った民族衣装を着て受賞コンサートに出演した。

モスクワ・ツアーのときもこのスロヴァキア・ツアーでも、日本からの仲間や先生方には仲良くしていただいた。このように音楽活動の際に、異国で生活を共にした仲間たちとの想い出は深く心に刻まれる。日本に戻ってからもお付き合いが続いている。

菜摘の購入したスロヴァキアの民族衣装二着、観光で訪れたウィーンで購入したオーストリアの民族衣装一着、計三着は人気があり、今でも教室の皆がステージで愛用している。

ピティナ・ピアノ・コンペティションの夏

菜摘はピティナ・ピアノ・コンペティションを幼稚園児のときから受け始め、六歳（年長）でA2級（幼稚園部門）、二年生でB級（四年生以下部門）全国大会に出場している。

二〇〇〇年の夏、二年生で初の飛び級に挑戦した。ピティナは全国大会が東京で行われるため、夏休みにおじいちゃん・おばあちゃん、親戚の住む東京へ行けるチャンスでもあるが、コンクールの通過率は大変低くてむずかしい。

予選をクリアした菜摘は、福岡の本選で七十二人中五番という出演番号だった。全国大会に出場できる割合は大変少なく、二〜三人という予測であったので、結果に関係なくすでに帰省することに決めていた。発表を待たずにホールから空港へ。飛行機に乗る前に空港内のラーメン屋さんに入り、夕食に親子でそれぞれ博多ラーメンを注文。

その時、携帯電話が鳴り、一旦外へ出た私は、あまりの驚きで涙ぐんでしまった。カウンターにはラーメンが運ばれてきているのが見える。コンクールの結果が発表され、菜摘の全国大会出場が決まった、との友人からの電話だったのだ。

本選のステージへ出て足台を準備した私は、それだけでドキドキだった。菜摘を一人、ステージに置いて舞台袖に帰ってくる心境は、本当に藁《わら》にもすがりたい気持ちだった。演奏を終えて戻ってきた菜摘に「上手だったよ!! 一人でステージで弾けるだけでもすごいよ!! お母さんなんて、足台を持って出るだけでも緊張するのに……」。そんな私を横目に、「ステージの上が一番楽しいんだよ！」と菜摘はにこにこしている。

この子は舞台が好きなのだ……演奏がうまくできて満足してるし、良かった!! とすべての役目を終えた感じがして、親子共々すがすがしい気持ちで、夏休みに帰省するための準備にかかった。

全国大会行きが決定、という夢のような電話を切った後でも、ラーメンが喉を通るわけもない。すぐに菜摘に報告。「なっちゃん、全国大会に出場できるって!! おめでとう。信じられないよ！ お母さんは飛行機に乗る前に、このことを報告したい人がたくさんいるから、ラーメンを食べる時間がなくなっちゃった……どうしよう」

すると菜摘が、にこにこしながらこう言ったのだ。

「私がお母さんの分も食べとくよ!!」

やっぱり菜摘はいつも頼りになる！　二年生の女の子が博多ラーメンを二杯食べる豪快さに驚く

とともに、「さすが!!」と思わざるを得なかった。

姉弟デュオでのコンクール出場と慰問

ピティナ・ピアノ・コンペティションのデュオ部門は、初級A・B、中級、上級という区分けになっている。初級Aが四年生以下の出場なので、弟の衆斗三年、菜摘四年というチームでチャレンジすることになった。二〇〇二年の夏である。

菜摘は弟とのデュオをぐいぐいと引っ張っていくのだが、衆斗がちょっぴり恥ずかしい様子。それでも二人でがんばった結果、全国大会へ出場できることになった。

曲目は、ゆらゆら揺れる曲調の「ポニーテール」とドイツ地方の「シュワーベンのおどり」。息もぴったりで、さすが双子のように育ってきただけある!! と親バカ。

周りは、見るからにばっちり決まったデュオ・チームがたくさん。そして演奏も上手なチームばかり……。衆斗はピアノをやってはいるものの、なかなか練習しない。衆斗のイメージに合わせて二曲ともに雰囲気のあるやわらかい曲を選んだ。前年にスロヴァキアへ行ったときに買ってきたオーストリアの民族衣装と衆斗にお土産に買った山高帽と毛糸のベスト! 二人は緑色の民族衣装に身を包み、他のチームとは全くカラーが違っていた。それが良かったのかどうか……ムードのある演奏でぴったりと決まった。

結果は有難い「一位！」。驚いたのは二人だけではなく、親の私。全国で一番良い成績を取るなど、めったにあることではない。神さまからのプレゼントに違いない。これからも、どんな形でもよいから、菜摘だけではなく衆斗にもピアノを弾き続けてもらいたい、と願うようになった。

ソロの演奏だけでなくアンサンブルの魅力を知った二人は、受賞コンサートに出場することを喜んだ。

翌年三月、衆斗・菜摘揃っての東京での受賞コンサート。曲は「オール・アメリカン・ホームタウン・バンド」!! きらきらのベストにパンツ姿の二人。演奏後の拍手の中、二人はしっかりと手を握り合ってのおじぎ。やはり少し照れくさそうな弟をエスコートする姉であった。

菜摘が五年、衆斗が四年のときの話。ピアノ・コンクールで受賞歴を持つこの二人に慰問コンサートの話が来た。その事務局は当時、受賞者に街のいろいろなステージを提供しており、菜摘は演奏機会を頂いていた。

さらに、前年初めてチャレンジしたピティナ・ピアノ・コンペティションのデュオ初級A部門で思いがけず全国最高位を頂いたのをきっかけに、姉弟デュオでステージに立つ話がやって来たのだ。

二人が依頼を受けた慰問先は刑務所であった。女性刑務所だったので、子供たちや家族のもとへ帰りたい！ と少しでも早く出所するための気持ちを高めてもらいたい、という願いのこもったコンサートだと聞いた。

もちろん即答で出演を決め、二人はソロにデュオにインタビューにと、刑務所での慰問コンサートに努めた。親の私でもステージを観ることができない厳重な体制であったが、二人にいろいろ尋ねたところ、「みんな泣いていたよ」、「同じ洋服を着てたよ」など。

所長さんからは「八代亜紀さんの慰問以来です」と言われ、二人に「来てくれて有難う」と言って下さった。また、連れてきて下さったコンクール事務局の方は、「久保山さんでなければこの慰問はお願いできないと思った」と話してくれた。

このような胸の熱くなる体験を私たち親子はたくさんさせていただき、今日がある。

ポーランドでのピアノ・コンチェルト

二〇〇五年、記念すべき「ショパンピアノ国際コンクール」がポーランドのワルシャワにおいて行われた。五年に一度の世界的なコンクールである。この年の日本人最高位で入賞した関本昌平さんは二宮門下で、桐朋学園の大先輩である。日本からもたくさんの人がコンクールを聴きにワルシャワへ向かった。私たちもこの年はぜひコンクールを聴きたいとツアーを組んだ。さらにはせっかく行くのだからとコンサート出演、レッスン、観光などたくさんの楽しみを企画していた。このツアーには私のピアノ教室からもたくさんの申し込みがあり、十三名の大ツアーとなった。

ツアー日程の初日は、クラコフ市のフィルハーモニーホールでのオーケストラと日本の子供たちによるピアノ・コンチェルトの公演。翌日はクラコフ市観光。その後、ワルシャワへ移動してコンクールを鑑賞した。希望者はワルシャワ音楽院の先生のレッスンを受けることもでき、観光も大いに楽しんだ。それからチェコのプラハ、ドイツのベルリンへ一泊旅行をし、最後はパリにて思う存分観光、というかなり欲張りなツアーとなった。

ただし十三名もいたので、それぞれ都合があって全員一緒には出発できず、二手に分かれた。ポーランドのクラコフ市においてオーケストラとピアノ・コンチェルトのコンサートに出演できることになっていた私たちのツアーは、先発隊は余裕をもってクラコフ市に到着し、観光後、フィルハーモニーホールにてオーケストラ・リハーサルを行った。

一方、一日遅れの後発隊は成田よりパリに飛び、パリの空港で七時間の待ち時間を過ごすというスケジュールだった。それも真夜中のため、パリの空港の薄暗いベンチで仮眠。いよいよクラコフ行の便に乗るため、移動して待つこと一時間。ところが定刻になってもゲートは開かず、一向に案内がない。放送が入り、クラコフ便は欠航でワルシャワへ飛ぶ飛行機へ乗れ、と言う。

日本語はもちろん英語も通じないので、ポーランド語の案内を予測し他の乗客についていくと、どうやら人数が少ないために欠航となったことがわかった。仕方なくワルシャワへ向かう。

ワルシャワに着いた頃、クラコフ市ではリハーサルが開始され、後発隊のメンバーはそれを諦めなければならなかった。ホールに連絡を入れ、出演順を遅らせてもらった。急いでも仕方がないので肝を据え、ワルシャワからさらにクラコフ行きの飛行機に乗り換え、日本を出て三十六時間ぶりにクラコフ市の空港へたどり着いた。私たち母子三人は後発隊であった。

後発隊の演奏者は、六年生の衆斗と五年生の西岡怜那ちゃん、中学一年生の菜摘の三人であったが、待ちに待った演奏会を目前にすでにへとへとになっていた。それでも演奏会が終演にならないことを願い、どんなことをしても演奏をしたいという願いを持ってホールへ向かった。

通常、オーケストラとのリハーサル、指揮者との打ち合わせはとても重要であるが、リハーサルが全くできない状態でコンサートに臨む勇気も子供ならでは、であった。

空港に着き、トランクから衣装、靴、ヘアアクセサリーを取り出し、バスの中でその準備をしホールへ駆け込んだ。ちょうど休憩時間に到着し、楽屋に戻ってきた指揮者の先生と対面。日本でも何度か共演していた顔見知りであったので大変感激され、子供たちを励ましてくれた。

リハーサルはなく、口頭での打ち合わせが始まった。テンポ、カデンツ、曲のニュアンスなどのチェックを一人一人行い、いよいよ三人目の菜摘の番になったとき、ハプニングが起きた。

小学生の二人はスムーズな打ち合わせに満足し、いよいよ今から出陣と笑顔を見せたが、菜摘の打ち合わせでは一瞬で顔が蒼くなるほど驚いた。プログラム掲載曲が本人の弾こうとしている曲と違うと言う。これにはスタッフも一同騒然となり、一時は演奏が危ぶまれた。幸い菜摘がその曲を弾ける（以前やったことがある）ということと、他に方法もなく、本人は不服だったかもしれないが、オーケストラがその時点で演奏できるのはその曲のみということで、話は決まった。

休憩終了のブザーが鳴り、二人はスタン・バイ。菜摘は大慌てで私に助けを求めたが、私は衆斗のヨーロッパでの初ステージをビデオ撮影したかったので、どうなるかわからない状況の中、後ろ髪をひかれながら衆斗の演奏を聴きにホールへ向かった。

菜摘のことが気になったが、たくさんのお客さまに迎えられてにこにこと演奏している息子と怜那ちゃんの堂々とした演奏にすっかり魅せられ、一瞬忘れて楽しんだ。

二人の演奏が終わり、菜摘がステージに出てくるのか急に心配にはなったものの、どうすることもできない。バックステージで声をかけることもできないまま、客席でビデオカメラを前に座っている自分が空しかった。

菜摘がにこにことステージに登場してきた。堂々と演奏していたので一安心。演奏もさることながら、帰りも満足そうに花束をもらって退場していった。後で他の出演者に聞いたところ、突然楽屋に慌てて入ってきた菜摘が「ピアノを練習させてほしい」と息せき切った様子だったと言う。その姿を想像して心の中で笑ってしまった。本人には申し訳ないが、本当に滑稽なシーンだったに違いない。楽譜も持参していない曲を突然打ち合わせなしに弾くことができたのは、今までいろいろな経験をしてきた菜摘ならではだったと思う。

私はこのとき、いい経験をしたと思った。どんな状況でも乗り越えなければならないこともある。あり得ないような話ではあるが、こんな状況を笑って乗り越えたことが菜摘の今につながっていることも確かである。

どんなハプニングがあっても、この日の出来事を思い返せば乗り越えられないことはない！という経験を得た〝宝の旅〟でもあった。

「少年少女みなみ」

私の主催するピアノ教室のきょうだいサークルに、「少年少女みなみ」という団体がある。この団体は合唱団でもダンス教室でも劇団でもなく、それらをすべて足して割ったような活動をしている。一九九八年からスタートしたこの「少年少女みなみ」は、もともと福岡市南区少年少女合唱団という名前であった。

菜摘が五歳、衆斗が四歳の頃、合唱団に誘われて見学に行ったところ、人数が少なくて廃部になっていた。その廃部になった現場を見学に行ったものだから、その場でなんとこの合唱団を続けてほしいとの依頼。……突然の話に最初はびっくりして佇《たたず》んでいたが、そのまま名前を少し変更し、私独自のスタイルで継続させていただくことにした。

さて何をしようかと思いついたのが、ちょうど始めたばかりのピアノ教室で計画していたクリスマスの『キリスト物語』や『ヘンゼルとグレーテル』。菜摘がグレーテル、衆斗がヘンゼルというかなり内輪的な企画をしていたのにもかかわらず、小編成のオーケストラと素晴らしいオペラ歌手の方々が共演して下さり、とても楽しいオペラ風『ヘンゼルとグレーテル』に仕上がった。

この二つがヒットし、以降、どんどんつながっていくアーティストとのご縁もあり、「少年少女み

九州国際フェスティバルにおける「少年少女みなみ」チアのステージ（2013年８月）

なみ」はすくすくと大きくなっていった。

『ヘンゼルとグレーテル』では、東京と福岡を行き来していたソプラノ歌手の渋谷ちかさん（当時の長谷川睦さん）が魔女役をして下さった。渋谷さんには今現在、「少年少女みなみ」の歌の先生をしていただいている。

振り付けとダンスの指導をしてくれている楢崎彩さんは、当時、「少年少女みなみ」で活躍していたメンバーで、今も菜摘とともにステージで踊り続けてくれている。

彩さんと菜摘がクラシックバレエをしていたこともあり、「少年少女みなみ」は、チャイコフスキーの『くるみ割り人形』やプロコフィエフの『ピーターと狼』、『ピーターパン』、『オペラ魔笛』などもやって来た。戦中の実話を元にしたミュージカル『そうれっしゃがやってきた』にも十年前（二〇〇五年、終戦六十年）から取り組み、長年続けている。

『そうれっしゃがやってきた』は、今年（二〇一五年）で終戦七十年目を迎える日本にとっては貴重な作品である。戦争を知らない子供たちが演じる実話の伝達。これを私たちはずっと続けていきたいと考えている。また、『そうれっしゃがやってきた』は特に家族の力も大きく、この作品を知っている方なら誰でも参加できる。

ヨーロッパや南米のサッカーのクラブチームは、縦割り教育でいつもプロ選手を近くで意識することができる。「少年少女なみ」も縦割りで、二、三歳から上は高校生くらいまでの子供たちが練習に参加している。時には子供たちのママやパパにも加わってもらい、本番ステージを皆一同力を合わせて作り上げていく。

縦割りの学びは素晴らしい。そして「ONE FOR ALL」、「ALL FOR ONE」、みんなが力を合わせていく姿も素晴らしい。音楽を通してステージの上で、またお客さまを巻き込んで感動を分かち合う。ピアノと違って大勢でステージに立つのだから怖くないし、楽しい上に一つのステージの費用もみんなで割れる。この最高のシチュエーションで学んでいった若者たちの未来が楽しみで仕方ない。

平和活動 ①——合唱構成 『ぞうれっしゃがやってきた』

『ぞうれっしゃがやってきた』は、私たちの音楽活動の中心となっている。

時は昭和十二年、輸送困難になった木下サーカス団の象たちを名古屋の動物園に譲るところから話は始まる。日中戦争中で、アドン、エルド、マカニー、キーコという四頭の芸達者な象たちは東山動物園の人気者となった。

それもそのはず、想像を絶する芸を持っていたのである。玉乗り、太鼓たたきなど象がそのような芸をしているところを見たことがある人の方が少ないだろう。また、人を背中に乗せ、子供たちに希望と勇気を与えていた。そんな象たちが戦争中殺されることになり、園長をはじめ動物園の職員みんなで象の命を必死に守ったという話である。

第二次世界大戦中、戦争がますます激しくなり、ドイツのハンブルクの動物園が空襲にあい動物たちが町に逃げ出した、という話を聞いた日本は、上野動物園をはじめとする全国の動物園に動物を処分する命令を下している。東山動物園もまもなく、猛獣を筆頭にすべての動物を殺すことを命じられていた。

象は特別おとなしく、人に危害を加えないという判断とサーカス団から譲り受けた貴重な命ということから、東山動物園では唯一生き残りをかけて守る。途中、寒さと飢えからアドン、キーコの二頭は死んでしまうが、エルドとマカニーは戦後も生き続け、子供たちの人気者となった。それもそのはず、日本中の動物園の動物たちはみな処分され、生き残ったのはこの貴重な二頭だけだった。

東京の子供議会の代表者が東山動物園の園長に、象を一頭、上野動物園に貸してほしいと願い出るが、やっと生き残った二頭の象を引き離すことは不可能であった。最終的に当時の国鉄が協力し、全国各地から子供たちを乗せて汽車を名古屋まで走らせるという画期的な案で解決された。子供たちは戦後の荒れ果てた中でこの象たちを見て、大変希望を持って生きていった。

この話は、名古屋の小学校で教師をしていた小出隆司さんが、東山動物園の園長から大変ご苦労なさってやっとの思いで話を聞きだし、本にされた。小出先生は子供たちに少しでも明るい話題を提供しようと必死だった。

数年後、この話は全国に広がって感動を呼び、これに藤村記一郎さんが音楽をつけた。今、私たちがコンサートで上演させていただいている合唱構成『ぞうれっしゃがやってきた』がその作品である。

原作は小出隆司さん、作曲は藤村記一郎さん、作詞は清水則雄さん。縁あって私はこの方たちと出会うことができた。かなりの幸運であった。

2006年から始めた『ぞうれっしゃがやってきた』（2010年３月）

『ぞうれっしゃがやってきた』に初めて私たちが取り組んだのは二〇〇五年。その年には運良くＮＨＫのドラマでこの話が放送されたり、市民センターでアニメーション映画が放映されたりした。
当時の時代背景がよくわかり、もんぺや防空頭巾を作製したり、戦時中の演技もリアルに取り入れることができた。
この作品を演じているのは「少年少女みなみ」とその家族や有志である。演奏はピアノだけではなく、時に藤村記一郎先生の指揮で福岡の若手オーケストラが共演している。中でも動物園の園長役と軍人役、木下サーカス団のピエロや象使いの娘の役は花形で、今までもいろいろな方が演じて話題となってきた。
縁あって出会った歌手の菅原洋一さんに、園長役の歌の部分を歌ってもらったこともある。菅原さんは七十八歳であった。「少年少女みなみ」の子供たちは二歳から二十歳ぐらい、大変な年齢差がある。菅原さんは戦争が終わった頃に子供時代を過ごしていたため、「少年少女みなみ」の子供たちに貴重な体験談を聞かせてくれたり、昭和のよき歌を歌ってくれたりした。

菜摘は、菅原さんの伴奏をしていくつもの公演を共にしたことで、昭和の素敵な歌が大好きになった。大変貴重なステージを経験させてもらった。

また、インドでこの話に取り組むジョン・デバラジさんというアーティストが、台本・音楽・衣装・制作をすべて手掛け、『ぞうれっしゃがやってきた』インド版=『平和象列車』を日本で上演したこともあった。日本の方たちと合唱団の協力でこの夢を叶えることができた。

二〇一一年夏、全国各地で一カ月近くの「平和象列車」上演ツアーが行われた。インドからジョンさんをはじめ五人の若者たちが来日した。

ジョンさんは、児童労働経験者を含む若者たちをバンガロールのフリーアートスクールで学ばせている。彫刻・絵画・写真・映画・作曲と、たくさんのことを手掛けるスペシャリストであり、さらにはその州のサッカーの代表選手だったそうだ。広島の被爆者の佐々木貞子さんの話をこの作品の中に取り込み、さらには憲法九条の歌なども取り入れていた。

今まで私たち「少年少女みなみ」がやって来たものとは一味も二味も違った『平和象列車』に、最初はとまどいながらも子供たちは大いにインドの若者たちと練習を楽しんだ。その甲斐あって、福岡と長崎で盛大に発表された。

このインドの人たちとの出会いが私たちにたくさんのことをもたらし、日本がいかに平和で暮らしやすく、教育現場の充実がなされているかを再確認させられた。

「世界には苦しみながら生きている人たちがたくさんいる！」

このことをさらに知る機会となり、チャリティー・コンサートを続けてきた菜摘の心にも深く刻まれたことであろう。常に偶然の顔をして現れる必然の話や人との出会いに感謝しきれない。

平和活動②──『月光の夏』

『月光の夏』との出会いは、今をさかのぼること十八年前。

当時、「鳥栖こどもピアノコンクール」というコンクールに興味を持った私は、四歳の菜摘とともに鳥栖に行った。それがきっかけとなり、「月光の夏」というお話を知った。これは鳥栖市では大変知られた戦争中の実話で、映画にもなっていた。

一九四五年、太平洋戦争で特別攻撃隊に志願した音大出身の二人の若者は、死ぬ前にもう一度ピアノを弾きたいと願い、その当時珍しくもドイツ製のグランドピアノを持っていた鳥栖市の学校を訪れた。そして、そこでベートーヴェンの「月光」を弾き、旅立っていった。この曲は大変幻想的で物悲しい。

菜摘が中学二年の春、池川先生を通して、『月光の夏』の朗読とピアノで「月光ソナタ」を演奏するチャンスを頂いた。

ホールは一三〇〇の人で賑わい、佐賀の幼稚園協会の主催するイベントの一齣としての平和学習だった。この作品の間中、人々はすすり泣きし、私も悲しさをこらえながら最後まで聴いた。

朗読にピアノの音がマッチして人の心をつかんだのか、大変感動した。この実話を他の人にも伝えたいと思った。すぐにこの本（『ピアノは知っている――月光の夏』）を買いに行き、企画を進めた。

この話を初めて聞くと、みんな涙ぐんだ。

「生きたくても生きられなかった若者たちがいた」。ピアノを弾きたくても二度とピアノを弾くことができないという状況で、人生最後の別れの曲として「月光」を弾いたのである。私たち音楽をしている者にとっては、大変心に突き刺さる衝撃的な話であった。

鳥栖駅前にあるサンメッセ鳥栖という会場に、このお話の中に出てくる実際のピアノがあり、その年の終戦記念日にそのピアノで「月光」を弾くという機会もやって来た。

このピアノはドイツ製の「フッペル」で、何十年も前に、子供たちのためにその当時鳥栖のお母さんたちがお金を出し合って学校に寄付したものであった。

そのピアノが今も大切に保存され、サンメッセ鳥栖のロビーに飾られている。特攻隊員が実際に弾いたピアノということもあり、平和の象徴となっている。

全国一位受賞と平和活動

二〇〇六年夏、ピティナ・ピアノ・コンペティションF級全国大会出場決定。菜摘は当時十四歳の中学二年生、その級では最年少の出場だった。

この夏はいろいろなイベントが決まっていて、今までやって来た踊りやミュージカル、平和イベントなど、全国大会の間際までステージの予定が入っていた。しかし、全国出場を手にした菜摘は、東京で演奏することを大変楽しみにしていた。

平和イベントでは、『月光の夏』の朗読とピアノ、もう一作品は、『ぞうれっしゃがやってきた』。出演者は、「少年少女みなみ」とピアノ教室の仲間たち。菜摘の役割は、『月光の夏』での「月光」のピアノ演奏。『ぞうれっしゃがやってきた』では、ミュージカル全体の伴奏とサーカス団のピエロ役。その他にバレエ『ピーターパン』のピーターパン役。

『月光の夏』は全国的によく知られて映画にもなり、九州では鳥栖市にて度々演奏されていた演目で、偶然にも菜摘が鳥栖市の関係者から「月光ソナタ」を弾く機会を頂いた。この作品が素晴らしく、他の方にもぜひ聴いてもらいたいとコンサートの中で取り上げる運びとなった。終戦記念日の八月十五日にも鳥栖市においてこの作品を弾いた。

コンサートの数日前、菜摘の指導者である池川礼子先生が、ピティナの全国大会に向けての練習として鹿児島でコンサートを開いて下さることになった。鹿児島に行くのだからぜひ知覧特攻平和会館を訪れたい、という気持ちが強くなり、コンサート前のタイトなスケジュールな中、知覧に向かった。短い時間で特攻平和会館を見学し、いかに悲しい歴史があったかという事実を知り、参拝を済ませて鹿児島市内へ戻り、コンサートに出演。

翌日、福岡に戻った菜摘には過酷なスケジュールが待っていたが、知覧に行ったこともあり、「月光」の演奏にも熱が入った。

並行して全国大会の曲を四曲。ピティナ・ピアノ・コンペティションの課題スタイルはすべての級において、バロック・スタイル、クラシック・スタイル、ロマン・スタイル、近現代の四つの時代の曲を一つずつ演奏する。

バロック・スタイルではスカルラッティの「ソナタ」、クラシック・スタイルではベートーヴェンの「ピアノソナタ」。ロマン・スタイルではサン・サーンスの「アレグロアパッショナート」。近現代ではフォーレの「ノクターン」を選択していた。

大変難しい曲ばかりであったが、先に書いたグネーシン音楽院のゼリクマン先生の来日が偶然にもあり、ベートーヴェンのレッスンをしていただいたり、いつも交流しているポーランドのクシシュトフ・ヤヴォンスキー先生、アメリカ人のケビン・ケナー先生の来日においてもアドバイスをいただいた。たくさんの指導者の方々に大変お世話になった。

その甲斐があって全国大会に行けることになったので、何とか菜摘らしい演奏をしてほしいと思っていたが、一日はみな二十四時間、この平和イベントの練習をしながらどうやって毎日を乗り切るか……母娘の課題は大きかった。

平和イベントは、出演者みんなの想いと観客の方の感激とで大成功であった。数日後上京し、いよいよピティナ・ピアノ・コンペティション全国大会の当日がやって来た。会場は第一生命ホール。出番は午後という条件の良い中で行われ、本人としても落ち着いて納得のいく演奏ができた。母娘共々すがすがしい気持ちで帰る中、平和イベントと全国大会が滞りなくこなせたことを嬉しく思った。

数日後、いよいよ結果発表の日になり、指導者である私はコンペティション会場に早めに出掛け、菜摘は祖父他数人で表彰式会場へ向かった。

表彰式は毎年厳《おごそ》かに行われるが、この年も盛大な中、皆緊張し発表を待った。なかなか自分の名前が出てこないことにすっかりあきらめを感じていた菜摘であったが、最後に金賞受賞者として呼ばれた。ステージに上がったときはさぞ嬉しかったに違いない。私と池川礼子先生は隣同士に座っていたが、あまりの喜びに手を取り合い声をあげて喜んだ。最高の瞬間だった。

特攻隊の人たちが平和な国を残すために戦ったという事実を勉強したこの夏……『月光の夏』を通してたくさんの人にこの話を伝えることができた。

二つのことを同じ時期にするというのは大変難しいことだが、それがやり遂げられるからこそこのスケジュールになっていたのだと感謝した。すべては偶然の顔をしてやって来るが、必然だった。

それ以来、菜摘はこの作品をずっと演奏し続けている。そしてもっと多くの人にこのような事実を伝えていけたら、音楽をやっている者として大変幸せだと思った。

後日談だが、表彰式へ向かうとき、地下鉄に乗るため地下へ降りて切符を買う間、菜摘の頭の上を旋回して飛ぶ一匹のモンシロチョウがいた、という話を祖父から聞いた。それを聞いたとき、私は特攻隊の方の魂がそのチョウに乗ってやって来たのだと思った。

確かに偶然と言えばそれまでであるが、表彰式のとき名前を呼ばれた瞬間にも同じことを思った。この賞は、平和の尊さをたくさんの人に伝えるために平和イベントに出演して、喜んでピアノを弾いた菜摘へのご褒美だったのかもしれない。

桐朋学園へ

二〇〇七年、菜摘中学三年生。音楽家になりたいという幼少期からの希望により、たくさんのステージに立つという生活をしてきたが、いよいよ本格的に専門家になるために上京することを選択。海外で勉強したいという気持ちもあったかもしれないが、東京の音楽学校にも魅力を感じていた菜摘。母娘二代で私の先生であった篠井《しのい》寧子先生に小さいときからお世話になっていたこともあり、東京には自分の居場所を感じていたのだと思う。

さらに、二〇〇六年のピティナ・ピアノ・コンペティションF級での全国一位受賞がきっかけと

篠井寧子先生と菜摘。先生にはいつもコンサートに来ていただいている（2014年１月）

なり、東京の桐朋学園でピアノを教えている二宮裕子先生との距離がぐっと近くなった。

先生はＰＴＮＡでも大変重要なポストにいらっしゃり、それまで数回しかレッスンを受けたことがなかったが、定期的にレッスンに通えることになった。先生の勤める桐朋学園は、桐朋女子高等学校（男女共学）音楽科を附属高とする形で同じ敷地、校舎にある。

二宮先生のレッスンを受けたいという希望で、高校から私の両親の家に下宿して、進学する計画を立てた。九州と東京は距離も離れていて交通費がかかるため、レッスンに通うのも本当に大変なのが事実である。

実際、東京に進学する人たちは住む所を探し、家賃を払い、学費を払って生活するので、そう簡単にはいかないのも実情。有難いことに、菜摘には小さなときから慣れ親しんだ祖父母の家があり、そこにはグランドピアノも置いてある。このラッキーな環境で生活できることに大変感謝し、その道を選んだのである。

そしてめでたく二〇〇八年春、菜摘は桐朋の学生として、また二宮門下の一人として上京した。

おじいちゃんが天国へ

菜摘が入学して一年も経たないうちに、菜摘のおじいちゃん、つまり私の父が病で寝込んでいた。東京に呼んでくれた高校一年の春はとても元気で、私と菜摘とおじいちゃん・おばあちゃんの四人揃って高校の入学式に出席したのに……。

二〇〇九年二月十九日、父は亡くなった。菜摘は祖父母に愛されて三人で暮らしていたが、おばあちゃんとの二人暮らしになった。おしどり夫婦だっただけに母は辛さを隠しきれなかった。父は、私が信頼する最大の人だった。いつも広い心で受け入れ、勉強熱心で優しかった。私たち親子が今このようにして音楽ができるのも、父の考え方が柔軟であったからである。

そして母は辛い日々を送ったが、それでも菜摘のために毎日生活を支えてくれた。

父が亡くなった日の数日後、福岡で平和イベント『ぞうれっしゃがやってきた』の公演が決まっていた。葬儀の日と重なり、私も菜摘も東京にいた。しかし、私たち二人がいなくては、『ぞうれっしゃがやってきた』の伴奏ができない……。

お葬式の日の朝、菜摘が福岡へ行くことになった。菜摘は無事に福岡でのステージを務めることができた。さらに、十年以上続けてきた恒例の民族舞踊団のホームステイも重なっていた。この年はさすがに受け入れはできなかったが、ルーマニアの音楽家の方々が小学校を訪問する際、菜摘がアシスタントを務めた。

私がいなくてもやれるだけのことをすべてやってくれた菜摘を、亡くなったおじいちゃんは天国から誉めていたに違いない。

二年生で選択する副科の〝作曲〟の提出が迫っていたこの二月、作曲の発表作品は、おじいちゃんの亡くなる直前に出来上がった。その二曲には「祈り」、「別れ」というタイトルが付けられた。それが菜摘の処女作品となった。

数日後、浜松国際アカデミーに行く菜摘に、私はまた引率することができなかった。ずっと一人で頑張っている菜摘……。もう彼女は一人でも大丈夫なのだ。私は、母を一人置いて東京を離れることができなかった。

辛い日々が続いたが、母は今では立派に教壇に立っている。父が母に残してくれた技術……着物の講師と着付をする手職の技術を磨くために、父は毎日、母の勉強に付き合っていた。母はとうとう七十歳で一級の着付免許を取ってしまった。着物学院では最高齢での取得ということで話題の人だった。そんな父の後ろ姿を見て育った私は、今でも父のことを尊敬している。

ニューヨークでの公演

ＰＴＮＡが行っている「福田靖子賞選考会」というコンクール形式のステージがある。福田靖子先生が亡くなられて数年後の二〇〇三年から行われるようになった。菜摘は十七歳の夏に挑戦。二年に一度開催であるこの部門は、まず書類審査に始まり、通過した後、数カ月間の準備を経て、海外からの教授陣のレッスンを三回（三人から一回ずつ）受ける。二日間で三回レッスンを受講した後、一日あけてのコンクールのステージである。レッスンを受けた後に曲を仕上げて競う、という日本においては珍しいスタイルのもので、大変人気が高い。

菜摘六歳のときのモスクワ・ツアーはＰＴＮＡの主催する音楽ツアーであり、今は亡き福田靖子先生が連れて行って下さったものである。が二年後、先生はご病気で亡くなられ、モスクワ以来演奏を聴いていただくことができなかった。菜摘はこのコンクールに必ず出場したいと心に決めていた。そのチャンスは十七歳の夏に訪れ、「先生！　天国から私の演奏を聴いて下さい」と願った。

その甲斐あってか、「福田靖子賞選考会」のステージで奨励賞を頂いた。同じ賞を受賞した、同学年で以前から仲良くしていただいていた北海道出身の木村友梨香さんと大阪出身の生熊茜さんと菜摘の三人は、海外へ演奏旅行へ行かせてもらうご褒美を頂いた。

菜摘は翌年の春、ニューヨークで早水和子先生のプロデュースするコンサートで、「アメリカン・ストリング・カルテット」とシューマンのピアノ五重奏を演奏することになった。音楽高校で弦楽器の仲間と勉強してきた室内楽をニューヨークでできるなんて、夢のようなご褒美であった。


今、私の教室では、三歳のちびっ子たちでもピアノ・アンサンブルを経験できる。子供たちは大変柔軟で、怖さも知らなければ、緊張もせず、楽しく吸収できる。

愛知県より十五年以上お招きしているヴァイオリニストの安藤正太郎さんは、生まれつきの全盲であるが、素晴らしい感性と音の美しさで子供たちに与える影響も大きい。たくさんの方々が教室を訪れ、子供たちと演奏をして下さる。ポーランドからはプリマヴィスタ・カルテットやシレジア・オーケストラも十年以上のお付き合いである。

その経験は、やがてソロの演奏にも影響を与えていく。ピアノという楽器はオーケストラの音域をすべて持っているが、複数の人数で行うアンサンブルやオーケストラを意識するのが大変難しく、ついソリスティックになりやすい。幸運にも、菜摘をはじめピアノ教室では日常たくさんのアンサンブルの音楽仲間に恵まれている。

ニューヨーク公演では室内楽コンサートの他にも、ピアノ・ソロでショパンの「アンダンテピアナートと華麗なる大ポロネーズ」を、邦人作品のコンサートでは、菜摘が高校生から副科でお世話になっている作曲家の森山智宏先生の作品と、以前から大変親しくさせていただいている友人の作曲家・中村匡宏さんの作品を演奏した。

ニューヨークにてリサ・バスティン先生と再会（2010年５月）

思いがけずリサ・バスティン先生（ニューヨーク在住のバスティン家の長女）とも会って食事をすることができ、一週間のニューヨークの旅は素晴らしいものになった。

コンクールは人と人が競う場に見えるが、実は自分との闘いの場であり、勉強の場。人と人とが出会い、共に磨き合い、友としてライバルとして仲良く育っていく。コンクールがあるから全国の方々とも知り合え、ご縁が広がっていく。

菜摘、高校卒業

二〇一一年三月十一日、東北大震災が起きた。東京もかなりの揺れで、建物にひびが入ったりした。次に何かあったときのことを考え、慎重にいろいろなことが行われていた。卒業式は行われず、用意していた袴を着て家の前でスナップ写真を撮った。その三月、菜摘は高校を卒業した。

そして、入学式も行われないまま大学生になり、まもなく授業が始まった。同じ敷地内に高校と大学があり、高校生の頃からその建物の中で勉強していたので、特別な違和感はなかったが、あっという間に高校三年間が終わり、大学生になったというだけでなんだか大人になったような……そんな気持ちで新たにスタートを切った。

思えば、中学を卒業して上京、私の両親が私の代わりに菜摘を育ててくれた。父は一年経たないうちに病に倒れ、七十二歳でこの世を去った。菜摘を東京に受け入れることを心から賛成してくれた父が、よく話していた。「遠くから上京して勉強したいという音楽家の手伝いができるといいな」。母も父と同じく、受験やコンクールなどで上京する九州からの生徒たちを可愛がってくれている。

このような考えの両親に育てられた私は、同じような気持ちが身についた。すべての出会いに感謝したい。

ピアノ・コンクール

子供たちが参加できるピアノ・コンクールにはいろいろなタイプのものがある。代表的なものを挙げていくと、全日本指導者協会主催のPTNAという名で親しまれている「ピティナ・ピアノ・コンペティション」。子供たちが、四つの時代の曲をまんべんなく勉強できるよう課題曲が選ばれている。新しく誕生した「ピティナ・ピアノ・ステップ」は、自分を評価する絶対評価のステージ。たくさんの部門に分かれており、フリーのステージもある。

国際コンクールでは「ショパン国際ピアノコンクールinアジア」。ショパンの作品は大変人気があり、その昔小さい子供たちにはなかなか手に入らないものであったが、今や小学生からショパン、もしくはロマン派の楽曲を学ぶことができる。予選においては、ロマン派のみならず、バロック作品も一曲演奏するため、ポリフォニーの音楽を勉強するという素晴らしい課題。そして、このコンクールは五年に一度、ポーランドで行われるワルシャワのショパン国際コンクールにチャレンジしたい人を育てている。

他にもヨーロッパ国際コンクールという、国際的な審査員の評価を受けられるコンクールがある。クラシック音楽はやはりヨーロッパの音楽なので、小さいときから国際感覚を身に付けたいものだ。

近年では「日本バッハコンクール」という、バッハを中心とするバロック・スタイルの楽曲で音

連弾中の菜摘と衆斗（1998年３月）

楽の基礎力を磨くために勉強するコンクールができ、昔、難しくてバッハ嫌いだったピアノの生徒さんたちも、「バロック音楽ってすてき！」となってきている。

全国的には「全日本学生音楽コンクール」、「日本ベートーヴェンコンクール」、「アールンコンクール」、「ピアラコンクール」、「グレンツェンピアノコンクール」、「ベーテンピアノコンクール」、「九州新聞社コンクール」、「九州・山口ジュニアピアノコンクール」、「ヴェルデコンクール」……九州の地元にもたくさんコンクールがあるが（全部記述できず残念）数え切れない。

面白いところでは、「夢コン」という〝夢のコンチェルトフェスティバル〟。オーケストラと共演することのできる、大変ゴージャスで夢のようなステージを繰り広げるコンクールもある。この「夢コン」を受けるには、オーケストラのパートと二台のピアノで練習し、予選はテープ審査、本選は小編成のオケとのコンチェルト。そして全国大会でいよいよフルオーケストラと共演できるのだ。他に、大人のための「エリーゼ音楽祭」も、ソロやアンサンブルのコンクールとして人気がある。

ピアノを習っている誰もが、正装してステージで演奏することを夢見る。ソロでもアンサンブルでも上手に弾いて賞を取りたい！　そんな感情が湧くものだ。そういう状況の中でピアノを練習する姿や親の取り組み方は、コンクールのなかった昔とコンクールを受けることが日常茶飯事となっている今では、全く違ってきている。

スポーツにたとえると、チーム内での紅白戦より、本格的なトーナメント戦やリーグ戦の方が熱が入るのはもちろんのこと、支える側も応援する側も必死なのである。なんとしても勝ちたい！チームであれば「みんなは一人のために」、「一人はみんなのために」闘い、励まし合う。

しかし、敵は自分自身の中にいるのである。自分に勝つために、日々努力をする。そして基礎力を上げる。人前であがり症だった私は、何とか堂々と自分をアピールできる人に育ってほしい、と自分の子供にも教室の生徒にもコンクールのステージを提案してきた。そして、充分な練習こそがあがらない唯一のコツでもあるとわかった。

菜摘や衆斗にチャレンジさせた……というより、私自身の楽しみと勉強のためにやって来たコンクール。経験は何よりの宝で、継続は力なり。たくさん人前に出れば、本当によりよい勉強ができる。

東日本大震災

二〇一一年三月十一日、日本中が戦慄に震え上がった日。世界中にもニュースが流れるという大きな地震が起こり、東北地方宮城沖の津波に呑まれた人たちがたくさんいる。そして、日本中のすべての人々が東北にエールを送った。まず、助けなければならない……救いたい……知りたい……

人々の心は同じ方向を向いた。

私の住んでいる九州は何事もなかった地域であるが、北は北海道まで、西は関西地方も揺れを感じたそうである。関東地方も大変揺れが強く、一旦は通常の生活ができないほどであった。音楽家たちの仕事は停止状態になったが、すぐに心を癒す作業を考えた。皆、東北へ向いた。人々の悲しみを癒すことはできるのか？　力になれるのか……。

その夏、息子の所属する筑陽学園高校サッカー部がインターハイ出場を決め、開催地の秋田県へ試合に出かけた。帰りに、三年生全員と試合に出ていた二年生が宮城県に立ち寄った。そこで彼らが見た光景は、まさしく津波に流された跡地での悲惨な現場だった。

高校生の自分たちに今、何ができるか……。日々の暮らしの安定している九州からは想像を絶する現場だっただけに、「感謝」するという気持ちを再確認した。当たり前のことが当たり前ではない。このことを知ったとき、高校生の心は揺れ動いた。

そしてその日、監督さんはサッカー・スクールを開いた。高校生たちは現地の子供たちとサッカーをして汗を流し、九州へと帰ってきたのである。

後日、その様子がＦＢＳ福岡放送の二十四時間テレビ「愛は地球を救う」で放送された。私は彼らの行動をテレビで観て知ったが、チームを率いる監督さんの考えに感動した。

サッカーができるのは、当たり前ではない。サッカーができる毎日のこの環境に感謝して過ごす、このことを高校生の心に残してくれたのである。

三月十一日のことは、たくさんの人の心に「感謝して生きる」火をつけた。

〝日本頑張れコンサート〟

二〇一二年二月二十九日、筑陽学園サッカー部三年生を迎えて、〝日本頑張れコンサート〟を開催。東北大震災後、一年経った今でもまだまだ復興は途上で、たくさんの支援が必要。遠く九州からも「私たちにできることは何か」を考え、チャリティー・イベントを開くことになった。

インターハイの帰り、監督さんの発案で被災地にてサッカー・スクールを開いた筑陽学園高校サッカー部を招き、被災地を応援しようという企画を立ち上げたのだ。「東日本大震災　あれから一年、ガンバレ日本!!　僕たちも応援します！」というタイトル。翌三月一日は、この高校の卒業式。前日の忙しい中、サッカー部三年生全員がこのチャリティー・イベントで今自分たちにできることを精一杯披露してくれた。内容的には、コンサートにスポーツマンが出ているわけなので想像を超えるが、かなりの大盛況だった。出演者も観客も大いに盛り上がり、このイベントを作り上げた。募金も、今まで行われたチャリティー・コンサートの中で最高額となった。

音楽家とスポーツマン、さらには友情出演をして下さった世界的なダンサー「ソウルスプラッシュクルー」。他にも「少年少女みなみ」をはじめ、いろいろなジャンルの方々がコラボレーションし、ステージの上でエネルギーを集結させた。「今私たちにできること！」をテーマとしてみんなが一つになる——これが私たちの目指すチャリティー・イベントの形であった。

チャリティー募金を送ることだけではなく、苦しんで生きている人がたくさんいるという現状をたくさんの人に知ってもらうこと。

このコンサートの宣伝にあたり、ラジオ局、テレビ局、新聞社数社が興味を持って下さり、高校生が出演することになった。彼らは、初出演で何をしゃべったらよいかわからずかなり緊張していたが、度重なる出演でだんだん上手になっていった。

最初は、RKBラジオ日曜日の番組生出演。たくさんのメンバーに参加してもらった。ラジオ局からの質問は、

「なぜ、サッカー部員がチャリティー・イベントに出演することになったのか？」

「出演するにあたって何をステージ上で繰り広げるのか？」

「将来の夢は？」

「このコンサートへの意気込みは？」

などであった。

一人ずつ自己紹介をした後、このような質問を次々に答えていった。みんな照れくさそうだが楽しそうだった。人数が多かったので一人ずつへの質問は少なかったが、それぞれの性格が出ていた。

筑陽学園高校サッカー部は二年連続インターハイ出場を決めた。父兄と監督・コーチ陣の祝賀会で、監督が「インターハイの帰りに被災地へ子供たちを連れていきます」と宣言した。まさかこん

なにたくさんのメンバーを連れていかれるとは夢にも思わなかった。

監督はいつも、子供たちにとって最良の方法を教え、サッカーがうまくなること以前に人間を育てることをモットーにしていた。

私は、このイベントにはその現場を見た若者たちをゲストに呼ぶことが非常にふさわしい、と判断した。そして、その高校生たちはラジオでも、もちろん本番のステージでも、皆自分たちの将来の夢を語った。そして、筑陽学園で学んだことやサッカー部での思い出も語った。

四方八方の入場口より音楽とともに走り込むサッカー部員。舞台の上にユニフォームを着たメンバーが総勢五十名。大太鼓が鳴り、五曲程応援歌を披露。いつもグラウンドで歌っている歌ではあるが、普段は出場しているメンバーを応援している歌。部員全員が応援歌を一緒に歌っているこの時は、聴衆もみな感動した。

斬新さが好評だった“日本頑張れコンサート”（2012年２月）のポスター

その後はインタビューやサッカー部の寸劇など。後半は試合の写真をスクリーンに写し出し、生演奏のピアノをバックに選手たちが今までの感謝をマイクで一人ずつしゃべっていった。本人たちが次第に自分の言葉に感動し、思わず涙してしまう場面も多く、会場の聴衆もつられて涙々となった。

最後は、監督さんにもステージに上がってもらい、ひとこと話してもらった。これにも泣けた。

このように感動の涙で終えたイベントだった。お客さまより先に選手が退場、そして出口付近で募金箱を持つ選手と音楽家たちの門をくぐってお客さまが退場していく。たくさんの募金が集まった。

翌日は卒業式。たくさんのことを学べたサッカー部との別れが来た。チャリティー・コンサートに出演してくれたメンバーの数人は、後に「あのステージに立てて良かった！」と話してくれた。

チャリティー・イベントで〝今、私たちにできること〟をして人様の役に立てる喜びを知った若者たちがいたことを大変嬉しく思っている。

現在、息子の通う流通経済大学のサッカー部の中野雄二監督も、人を育てることをモットーとし、サッカーを通して人間教育を行っている。中野監督のことを書いた本（『なぜ流通経済大学サッカー部はプロ選手を輩出し続けるのか？』東邦出版）を読んで胸が熱くなった。サッカーがうまくなること以上に大切なことが書いてある。

そして、息子の親友である中学・高校・大学のチームメイト・中島宏海選手から、二〇一四年三月十二日に電話がかかってきた。「昨日は、あの日から三年目でしたね。僕はあのチャリティー・イベントに出たことに感謝しています。ありがとうございます」。彼は電話口でそう述べた。嬉しかった……。若者の心が育っている!!　そう思うと心が躍った。

筑陽学園高校サッカー部をゲストに招いたチャリティー・コンサート（2012年２月）

サッカー&ミュージック

ここで、息子のピアノとサッカーについて紹介させていただく。私は、スポーツをしながらピアノを続けられるのか？　ということにずっとこだわってきた。ピアノ教室の生徒たちにおいても、スポーツと音楽の両立は難しいとされてきた。そのことについてずっと疑問を感じていた私は、衆斗に両立を求めた。

衆斗は菜摘と年子で生まれたが、同じようにピアノを習い、同じように他のお稽古も姉と一緒に習っていた。ピアノは一向に練習をしなかったのであまり上達しなかったが、いざステージに上がると、なぜか音楽的な演奏をし、賞を頂くこと数回。

初めて頂いた大きな賞は、「鳥栖こどもピアノコンクール」でである。一九九八年に菜摘が幼稚園部門で第一位を受賞し、翌九九年に同じ賞を衆斗が受賞。このコンクールのご褒美はオーケストラとの共演であった。

彼の良さと言えば音楽を醸し出す力であり、それが本番ステージで出せていた。審査員は音楽が大好きだということを見抜き点数をくれたようである。他にもっと上手な子供たちがたくさんいて感心していたところ、なぜか衆斗が第一位を獲得し、周りから溜め息がもれた。「まさか、あの子が受賞するとは」と言わんばかりの溜め息であった。コンクールでは時の運も大きい。

次に思ったのは、嬉しさ反面、衆斗にピアノ協奏曲という大層なことができるのかという不安だった。それもそのはず、彼は菜摘とは違って感性だけで努力というものがないピアノ生活をしていたので、曲すら選ぶのが大変であった。しかし、何とか受賞コンサートにこぎつけ、本人は満足そうにオーケストラとの本番を終えた。

その後も、菜摘と出演したデュオのコンクールでなんと全国最上位を受賞。その翌年は友人とデュオで全国大会に出場するという経歴を持つ。

そして、海外のコンクールを受ける菜摘と一緒にヨーロッパへ行くことになり、いよいよ四年生の衆斗も同じ部門を受ける決意をする。場所はドイツのデュッセルドルフ。衆斗にとって初めてのヨーロッパである。衆斗の演奏は音楽的に気に入られ、菜摘一位、衆斗二位という面白い結果となった。連れて行った私としては大変有意義で実のあるヨーロッパ旅行となった。

そのままいろいろなステージ経験を経て、音楽は大好きであると言うが、練習不足でコンクールには挑戦できず、大好きなサッカーに時間を当てるようになっていった。

あるとき、「ぼくはサッカーで進学する」と言い出した。あまりに驚いて一時は反対もしたが、やはり父親の血を受け継いでか、中学から大好きなサッカーをすることになった。進学先は、スポーツが強いことで有名な筑陽学園中学。受験するに当たり、サッカーの特能推薦があると知り、入学。

その段階ではサッカーがそれほど得意であるとは思わなかったが、入ってから熱心に活動を始めた。体も大きくなり、坊主刈りも似合っていた。いかにもサッカー小僧であった。

サッカー部には熱心で優秀な監督、コーチが揃っており、練習もかなり厳しかった。

中学三年生のとき、全国中学生サッカー大会に出場した。初出場であったのでどのあたりまで勝てるのか、父兄はみな興味津々であった。夏休みではあったが、家族は都合をつけて大会開催地である長野県の松本市まで応援に行った。

一回戦は、山梨県の韮崎中学。この段階で勝てるなどとは誰も予測していなかったが、勝ったので翌日も残ることになった。あわてて勤務先に電話を入れて会社を休むお父さんたちの姿。

その次の日も、その次の日も勝った。とうとう予測もしない決勝にまで進んだのだ。家族はみんなすべてのスケジュールを変更し、松本に残った。私は準決勝戦の日に福岡で菜摘の演奏会を企画しており、どうやっても福岡に帰らなければならなかったので、準決勝の段階で一週間に二便しか飛んでいないプロペラ機に乗って、競技場のお隣にある松本空港から福岡空港へ飛んだ。しかも試合中であったので結果を気にしながら乗り、到着した時には決勝に進出しているという知らせが入り、とても嬉しかった。

そして、コンサートも大盛況であった。

そんな二人の活躍する夏休みが終わった。

筑陽学園は、中学サッカー部全国大会初出場準優勝という結果を残し、ますます人気が高まった。

そして、もともとサッカーの名門校であった高校は、中高一貫の衆斗たちの所属するサッカー部員と他の中学から入学してきた大人数の強豪たちが揃った。そこからまた三年間、高校でのサッカー生活が始まった。

二年生、三年生のとき、インターハイに出場が決まって二年連続全国的なレベルの大会に出場でき、貴重な経験を積ませてもらった。

三年生のときは九州大会で一位になった。さらに東日本大震災のあった宮城県に近い秋田県でインターハイの後、バスで震災跡地を見に行った。

十八歳の少年たちの心には何が残ったのだろうか。九州はその頃災害もなく、安定しており、毎日不自由なくサッカーができるという喜びを再認識して、サッカーを一生懸命続けた。監督は大変子供たちを可愛がって下さり、このような現場に連れて行って人生勉強をさせてくれたことに、父兄一同感謝の気持ちでいっぱいであった。

筑陽学園サッカー部時代の衆斗（2011年春）

秋になり、全国高校サッカー選手権福岡県大会においてベスト4で敗れ、冬は早くも引退した三年生が受験を迎えていた。しかし、このような成績を残す学校であったので、進学先はどんどん推薦で決まっていった。サッカー部員はほぼ年内に行き先が決まった。

衆斗は、茨城県竜ケ崎市にある日本でも指折りのサッカーの名門である流通経済大学に進学することになった。そこのサッカー部は、四年間寮生活で二百人以上のメンバーが一緒に生活するという決まりがあった。私はそのシステムが大変気に入った。衆斗も、その学校でぜひ一流のメンバーたちから刺激を受けたいと決意し、現在に至る。これも筑陽学園サッカー部に中学から在籍したおかげだと感謝している。

ひとこと付け加えれば、寮の近くに私の尊敬する藤原亜津子先生の自宅があり、衆斗は入寮した頃、頻繁にピアノを弾かせてもらいに行っていた。慣れない生活の中、ピアノで心を支え続けた日々を思うと、藤原先生に感謝の気持ちでいっぱいである。

ちちぶ国際音楽祭

二〇一二年八月二十～二十六日、埼玉県秩父市にて「ちちぶ国際音楽祭」が行われた。この夏初めて行われたこの音楽祭に、ピティナより推薦していただいて参加した菜摘とともに、私もその秩父へ勉強に行かせてもらった。

菜摘は、オーケストラとベートーヴェンの「ピアノ協奏曲第五番」を演奏させていただき、室内楽クラスではピアノ・トリオ編成を受講し、チャイコフスキーの作品を勉強させてもらった。

この音楽祭は、世界各地から集まる一流の招聘《しょうへい》指導者のマスタークラスを受け、修了コンサートに出演し、その過程で音楽への取り組み方を直接学び取ることができるというもの。

菜摘は幼少期より弦楽器の方々に囲まれ、室内楽を長い間遊びとして体験し、近年は音楽学校で出会った室内楽の仲間たちとの演奏でたくさんの経験をしている。協奏曲においても六歳より毎年のようにオーケストラとピアノ協奏曲を演奏してきた。

弦楽器奏者の演奏法とピアノの演奏法は全く違っており、お互いに組むとなればその楽器のことを理解していないとできないため、歩み寄り合い勉強し合いながら一つのものを作っていく。

私が訪れた日、その日初めて顔合わせをするオーケストラのメンバーと海外指導者が練習を始めていた。

二日目は、ゲネプロといって本番さながらのリハーサルをホールで行う。後は本番を残すのみ。いよいよ夜のコンサート。二日間の成果を出すのはこのときである。オケと一体になり、感動も頂点。終わった演奏者はみな笑顔で、やった！　というエネルギーと、ほっとした安心感でいっぱいになる。このような体験をするには普段から、ソロの技術も磨いておかなくてはならない。

三日目は、室内楽のマスタークラスを見学した。午前中と午後のクラスは指導者が異なり大変勉強になった。ピアノというのは鍵盤を打鍵するためレガートがかけにくい楽器である。しかし、組んでいる弦楽器はレガートを得意とする楽器なので、ピアニストは弦楽器の特徴を知ることが第一である。歌い方、感じ方、合わせ方などたくさんの要求をされ、お互いに一つにならなければならない。

最終日、やはりゲネプロを経て本番となる。二日間観て、どの組も本番が一番素晴らしく、成長していた。

指導者はみな素晴らしい方々であり、学生たちにとってはとても刺激的で、一緒に集まった仲間たちはこの数日を通し仲の良い友達となった。このような滞在型の教育プログラムを持つ音楽祭を見学することができ、私は大変満足であった。また、幸運にも秩父には私の昔の恩師・三木真弓先生が住んでおり、数日泊めていただき、昔話に花が咲いた。

私の教室では以前から室内楽奏者を招き、小さな子供たちと体験レッスンを行ってきた。下は三歳から大人に至るまで、みな室内楽を楽しんで勉強を続けている。協奏曲においても、近年は「ピティナ・ピアノ・ステップ」でオーケストラ・ステップを導入し、七年が経った。地元の指揮者・木村厚太郎氏の多大な協力を得て子供たちを育ててもらった。そして彼は、今や国際的な指揮者となり、地元の若者たちをグローバルにしたいと願っている。たくさんの学生がレパートリーを増やし、オーケストラの体験をしにやって来る教室外の方々とも感動を分かち合ってきた。

そもそもピアノという楽器がオーケストラと組むためには、莫大な資金が必要である。私自身は音楽大学卒業後、東京で一度オーケストラと「ピアノ協奏曲の夕べ」というコンサートに出演した経験を持つ。その経験が長い間心の中に残り、次の世代の子供たちにもぜひ体験をしてもらいたいと思い続けた。

娘だけではなく、ピアノをあまり練習しない息子にまでオーケストラはかなりの喜びと影響を与えた。ピアノ教室の子供たちみんなにぜひこの感動を味わってもらうべく、数年前よりオーケストラを導入することを始めた。

今ではほとんどの生徒さんたちが、オーケストラと日常当たり前のように親しみ、室内楽経験も通常のものとなっている。この経験を一度したら、やめられない喜びとなる。

九州国際フェスティバルの誕生

二〇一二年夏に母娘で参加、体験させてもらった「ちちぶ国際音楽祭」。二〇一一年から菜摘が三年間演奏参加させていただいた「ラ・フォルジュルネ鳥栖」。日本中で素晴らしいクラシカルなイベントが行われている。

私はこのようなステージに大変魅力を感じていたので、九州でも何か私たち独自のイベントをしたいと考えるようになった。十年間開催してきた「久保山菜摘チャリティー・コンサート」と「少年少女みなみ」の行ってきた平和活動――『ぞうれっしゃがやってきた』などの参加型のステージをもっと多くの人と分かち合いたい！　そんな想いでいっぱいだった。

そういう経緯で、二〇一三年夏に「九州国際フェスティバル」が誕生した。このフェスティバルは「平和活動／教育活動／芸術活動」を理念とし、国際感覚を持った誰もが参加できるイベントである。戦争を知らない若者たちが音楽を通してその当時の実話を伝え、平和の尊さに感謝する参加型イベントで、その輪を広げることが目的。

音楽を通して平和について考え、さまざまな人たちと知り合って語り合う時間を共有する。平和への意識の「芽生え」と「目覚め」を目的とする時間・機会を提供できれば……そんなことを日々考えながら、今ではたくさんのコンサートを開催し、輪を広げている。

初開催のときは、福岡市少年科学文化会館とあいれふホールで一週間近く開催した。

初日は、九州各地の〝ゆるキャラ〟も登場。ミスユニバース二〇一三年福岡代表の井上古都香さんはじめ、たくさんの方々にお越しいただいた。ハンドベル奏者の石井のり子さんやパフォーマー〝てのひらさん〟、「少年少女みなみ」のダンスなど。

翌日は、水野翔さんによる華麗なマジックショー、全米第一位実力派の「ソウルスプラッシュクルー」のダンス・パフォーマンス、日本の重要文化財に認定されている〝博多金獅子太鼓〟さんの素晴らしい伝統芸能、バレエダンサー大滝いつきさんとアフリカはセネガルのダンサー、パップゲイさんとその仲間たちによるアフリカンダンス。

エネルギッシュな二日目に続く三日目は、平和イベントで『月光の夏』と『ぞうれっしゃがやってきた』。この日は「少年少女みなみ」を支える有志を含む百人以上の方が歌声を合わせた。

NPOエスペランサ（ギニア・ビザウを支援）の馬場菊代さんによるアフリカの子供たちの現状報告や、ペルーのウチュジュク村（標高四〇〇〇メートル）に小学校を建てられた「アンデスの風」の山崎和幸さんの現地報告、地元の高校生で平和大使に選ばれスイ

九州国際フェスティバルにて朗読とピアノによる『月光の夏』。朗読は吉田知明さん，ピアノは菜摘（2013年８月）

スへ活動に行った陶山大樹くんのレポート。そして『ぞうれっしゃがやってきた』の原作者・小出隆司先生の講演……盛り沢山の平和イベントは大盛況のうちに終了。

さらに、ピティナ・ピアノ・ステップ福岡南地区のイベントで子供たちのクラシカルなステージ。歌手・米良美一さんのコンサート、「オペラユニットLEGEND」のコンサート他、ピアニスト関野直樹さんと三味線の森永基木さんのコラボレーションなど数々のコンサート。また、ＴＯＳＳ福岡教育研究会の家庭教育支援セミナーでも親子が楽しく勉強した。

この一週間近い夏休みのイベントをもとに、翌二〇一四年は福岡以外の各地でも開催された。一月には大分県日田市にて、アメリカから来日したボストンのチェンバーオーケストラと日田市の子供たちとの共演。ペルーの民族音楽家五人の「インカニャン」コンサートと韓国の舞踏。日田パトリア小ホール、大ホール、ロビーと全館を使っての大イベントとなった。お客さまはどちらも満席でにぎわっていた。

福岡でも同じく一月に、アクロス福岡シンフォニーホールでチェンバーオーケストラと子供たちの共演を行った。三月には、ポーランドより来日したシレジアオーケストラと子供たちの共演も開催。ピアニスト秋田悠一郎氏によるラフマニノフの「ピアノ・コンチェルト第二番」も演奏され、お客さまも大興奮であった。

このように年明けから国際的なイベントを子供たちが体験できた。

また、夏から秋にかけて毎年来日するペルーの「インカニャン」は、九州をはじめ全国ツアーをするのだが、この年、鹿児島、長崎、北九州、福岡、鳥栖と九州中を駆け巡り、「九州国際フェスティバル」の顔となった。

「少年少女みなみ」の子供たちは、ペルーのマンタというきれいな色の織物で作ったポンチョをかぶり、インカニャンとともに踊った。「アミーゴ」という曲があるが、スペイン語で「友達」という意味で、皆「カンタ　アミーゴ！（皆で歌いましょう！）」とこぶしを振り上げて歌った。

第10回チャリティー・コンサートにおける
子供たちによる募金活動（2014年５月）

このリズミカルなアンデスの音楽に魅せられて、皆心から楽しくなってしまうのだ。子供たちはポンチョ姿で募金箱を持ち、出入り口でお客さまから募金を頂く。小さい頃からこのようにして自分たちにもできることがあることを知る。誉めてもらって心が育ち、役に立っているという自覚と自信ができる。

人のためにしているようで、自分たちが育ててもらう、いや、育っているのだ。募金額が問題なのではない。このような活動を通し、体験を通して、初めて「世界中には苦しみながら生きている人がいる」ことに気付き、自分にできることをする喜びを知る。


二〇一五年は終戦後七十年。一人でも多くの人と「命」について考えたい。

七月二十日、アクロス福岡シンフォニーホールにて九州国際フェスティバル開催。〝ダンスの部〟、〝合唱の部〟、〝ピアノ・コンチェルトの部〟、〝リトルマエストロ〟の部と四つの部門で構成。参加者によるチャレンジ型、プロ顔負けのステージ。

オーケストラと鍵盤ハーモニカによる子供たちの共演。スッペの「軽騎兵」をカスタネットで参加するオーケストラ団員体験。「第九を歌おう」ちびっこやママたちもみんなドイツ語にチャレンジ！

『ぞうれっしゃがやってきた』は、木下サーカスのゾウが名古屋の東山動物園に戦争中譲られたことをクローズアップするべく、サーカス団員扮するダンサーたちの祭典。『ぞうれっしゃがやってきた』の進化！

このような多くの方々の参加型のイベントは、平和な世の中だからこそできるのである。

木下サーカスとの出会い

音楽と踊りの関係は深い。できれば両方学びたいし、学ばせたいと常々考えているが、時間的にも費用的にも難しい問題はある。

私の幼少からの記憶をたどると、母はいつも音楽に合わせて踊っていた。社交ダンスを勉強していたようでリズム感も良く、運動神経も良い。リズミカルな動きをしている人はいろいろな分野で何でもできる。私はそんな母の元で育ったせいか、踊りを観るのがとても好きで、憧れていたのかもしれない。

私自身は踊りを習った経験はないが、昔友人が踊っていたバレエのステージをずっと観てきたことで興味があり、菜摘が三歳になったとき、クラシックバレエ教室を見学しに行った。以後、かなり長いこと娘の踊りを通してバレエを見てきた。

それで、ピアノ教室のイベントにも踊りを取り入れたいと常に考えていた。

また、ダンス・パフォーマンスで全米第一位に輝いた「ソウルスプラッシュクルー」の翔さん、隼人さん二人の黒岩兄弟を知る方も多いと思うが、彼らのダンスは和と洋を調和させた新しい踊りである。菜摘の第八回目のチャリティー・コンサートのゲストとして参加していただいたこのチームとの出会いで、ダンスの世界がさらに広まった。

二〇一五年は、「ソウルスプラッシュクルー」の方々に『ぞうれっしゃがやってきた』の木下サーカス団扮する演出、振り付けをお願いした。終戦七十年を迎えるこの年、この演目は平和を伝えるのに大変重要である。

「木下サーカス団」は太平洋戦争中もずっと営業を続け、人々の心に楽しみを与え続けた。サーカス団が持っていた四頭のゾウは、輸送困難により動物園に手放されるが、団員たちは毎日トレーニングを続けた。兵隊に行かねばならなかった男性を欠いても女性だけで空中ブランコをし、サーカ

2015年２月，イベント当日に木下サーカスの前で木下唯志社長（中央）を囲んで。左隣は作曲家・藤村記一郎氏，指揮者・木村厚太郎氏，そして千可子，菜摘

スは戦争中も休むことなく続けられた。
一人ひとりにドラマがあるし、知られていない隠れた悲話も少なくない。

二〇一四年冬〜二〇一五年二月初めまで、福岡県に二十五年ぶりにやって来た「木下大サーカス」。この木下大サーカスを観て勉強したいと思ったことから、私は木下社長にお会いする機会を得た。木下社長は、百十二年前にご祖父さまが始めた木下サーカスを四代目として続けられている。空中ブランコのサーカス団員を終えて社長に就任された。

二〇一五年二月七日には、「少年少女みなみ」と有志一同百二十人で、木下サーカスのテントの中のステージで『ぞうれっしゃがやってきた』の歌を披露するという貴重な経験をさせていただいた。満席二千人のお客さまの前で歌えた私たちはなんと幸せ……。

このサーカス団との出会いで、私はまた新しい世界を見せてもらった。この世界的なサーカス団のことは私が語るまでもないが、とにかく素晴らしいのである。テントを立てる際も、解体する際も、全団員の手で行われているのを見たとき、本物のすごさに触れた気がした。木下サーカスが人々に親しまれ、リーズナブルな金額で観られるのも、このような団員さんたちの努力があってのこと。表と裏の両方をすべて皆で支えているサーカス団に感動以上のものを覚える。

私の主催する「九州国際フェスティバル」は「平和活動／教育活動／芸術活動」を理念としているが、このサーカス団も意図するところは同じ、ご縁があって出会えたのだと感謝している。

『ぞうれっしゃがやってきた』に出会って十年。原作者の小出隆司先生や作曲家の藤村記一郎先生とのご縁で、どんどんご縁の輪が広がっていく。二月七日に行われた藤村先生の指揮での『ぞうれっしゃがやってきた』は貴重な経験となった。

子育て卒業

今回、『なっちゃんの大冒険』という、ピアニストの活動を書くにはあまりにユニークなタイトルの本を執筆するに当たり、「人」を育てることは「環境づくり」が大切で、親や先生はいつでも子供の羅針盤だということを再確認することができた。そして、「人」はいかにその与えられた環境の中で「努力」することを学ぶか、身につけるか……。

私は、自分のやってみたかったこと、それまで知らなくてやってみたいことを、菜摘と無我夢中でやって来た。すべてが、自分自身がやりたくて、やればやるほど楽しくて幸せなことばかりだった。それを周りの方々が見守って協力してくれた。

そして、大冒険していたのは私だったのかもしれない。

菜摘は小学一年生の入学時、机とランドセルの代わりに、父方のおばあちゃんにグランドピアノを買ってほしいと頼んだ。私がピアノ教室でピアノを使うため、菜摘の弾くピアノがなかったからだ。

ランドセルは六年間数回にわたり知人からお下がりをもらって、古くなって壊れそうになったときもテープや紐でつなぎとめて使った。机は一年間は買わず、弟と一緒に購入した。

幼稚園のとき、海外に演奏しに行きたいと張り切った。

小学二年生から、バレエのときの髪結いはすべて自分でやって来た。

中学からは、飛行機代節約のためヨーロッパや東京は一人で行くこともあった。

高校生からは、自分の生活費は自分で働いて補っていた。

大学生になると、学費も自分の力で頑張った。

高校生から始めた東京での生活は私の両親が支えたが、父方のおばあちゃんはじめ親戚一同にも大変お世話になり可愛がってもらってきた。

六歳のときにモスクワへ行く際、「ずっとこの先も、今のままのなっちゃんのお心を忘れないでね」と、年長クラスのシスターに見送ってもらった。

私もその言葉を今でも忘れることができない。

考えてみればあっという間ではあったが、友達の輪、心の輪、音楽の輪を広げ、一人一人が自分の目指す道を歩んでいった。

サッカーのみで職を営む父親と音楽に深く没頭する母親は、次第にそれぞれの道を歩むことになった。菜摘も衆斗もしっかりと我が道を極め始めた。辛いときも悲しいときもいつも笑顔で乗り越えた。一緒に冒険できる仲間たちがいたからだ。

私たちに施しをすがる子供たちや道端に座ってお金や食べ物を乞う人々をモスクワで目にした幼少期以来、幾度も見てきた光景……。五年生のときに出会った平和授業から、さまざまな出会いが結びついて、今の菜摘のチャリティー活動に至る。長年かけてその〝謎〟が解けていく。


「世界には苦しんで生きている人がいる。私にできることはないだろうか」

「生きたくても生きられなかった人たちがいた」

「生きているには、何かしなければならないことがあって生かされている」

「なっちゃん」とともに音楽で伝え続けて来た活動は、これからもずっと……心を揃えてもっともっと大きな輪に育てていきたいと思う。

出会う人と音が私たちの地図となり、強い心と信じる心を持ち、音楽が導く平和の国にこれからも「なっちゃん」と冒険を続けられるよう一緒に進んでいきたいと心から願い、支え続け協力して下さったすべての方々に感謝を込めて……。

第三楽章

なっちゃんの大冒険に寄せて

【寄稿】

なっちゃんとの一年間

生の松原特別支援学校教諭　西岡美香

出会い

「朝の会でリコーダーやってたでしょ。よく聴いてました」

二〇〇三年四月五日の始業式の日、初めて出会った五年三組の教室で私に声をかけてきたのがなっちゃんだった。

私は高学年を担任すると、朝の会で必ずリコーダー演奏をさせていた。ピアノ伴奏は弾きたい子にさせ、それに合わせて演奏するのだ。演奏させる曲は教科書の曲ではなく、ディズニーやポップスなどから、しっとりした曲を選んでいた。それを聴いていた、というのだ。

さすがに音楽に関心が高い子の最初の会話だった。

「よく知ってるね。すごいなあ」

と答えた。このときのシーンは結構驚いたのでよく覚えている。

引き換え、私のなっちゃんへのリサーチは、過去、なっちゃんを担任した同僚からの情報で、「久保山さんはピアノが上手」ということは聞いていた。前年度の学習発表会のときに、なっちゃんの弟の衆斗くんがピアノ伴奏をしていたことを覚えていたので、「ああ、あの子のお姉さんだな」とすぐにわかった。話しかけられたとき、「リコーダーの伴奏をしてもらおう♪」と思っていた。

運命を変えた授業

小学校では平和学習を年に数回行う。この年、十二月の平和学習で私は、例年行われている授業ではなく、もっと子どもたちの心に響く授業をしようと考え、「地雷」をテーマにした授業を行った。繰り返し地雷に関する数字を提示し、地雷についての知識を蓄積させ、最後に「自分にできることは何か」を考えさせるという組み立ての授業だった。

授業の概要を簡単に記す。

①1000000000個――何の数でしょう。
世界中に埋まっている地雷の数です。
②1000年
全ての地雷を取り除くのにかかる時間です。
③3平方メートル
大人一人が、一日かかって取り除くことができる面積です。
④300円

地雷一個の値段です。

⑤10000円

地雷一個を取り除くのにかかる費用です。

⑥20分

20分に一人が地雷の被害にあっています。そのほとんどが子どもです。

このままではいけないと立ち上がった、ダイアナ妃、坂本龍一、クリス・ムーンについて簡単に説明し、最後に、

「自分にできることを探してみましょう」

という流れでパソコンをプロジェクターに写し、写真を見せながら授業を行った。

なっちゃんの感想にはこう書いてあった。

「私は毎日学校で勉強したり、遊んだり、大好きなピアノを弾いたりしているのに、安心して運動場を走り回ったりできず、命を奪われたり、手や足を失っている子どもたちがいることに驚きました」

この授業を受けた日、なっちゃんは家に帰って百円玉を握りしめてコンビニに行こうとしたらしい。このことはかなり後になってお母さんに聞いた。

なっちゃんは「自分にできること」を必死に考え、今はとにかく「募金だ」と思ったのだろう。

地雷のために苦しい思いをしている世界中の子どもたちに何かしたい、と強く思っていたようだ。

コンビニに行こうとしたなっちゃんをお母さんは押しとどめ、こう言ったそうだ。

「募金もいいけど、もっとほかに何か方法はないかな。お母さんと一緒に考えてみよう」

そこで生まれたのが、もう十年続いている「チャリティー・コンサート」である。このコンサートの収益の一部を、地雷撤去をしている団体に寄付すれば直接的な支援になる、と考えたのだ。

そこで翌年の六年生から毎年、チャリティー・コンサートをすることになった。

この話を最初に聞いたときは本当に驚いた。ほんの一時間の平和授業を受けただけで「自分にできること」を探し、実行するこの行動力に本当に度肝を抜かれた思いだった。

2011年４月，日田パトリア小ホールにて，Ｅミュージックの子供たちが平和授業の再現に参加

コンサート会場での授業再現

チャリティー・コンサートにはほとんど毎回参加した。教え子のピアノを聴くのが楽しかったし、なっちゃんの弾く音色が大好きだった。

コンサートの中で何度か、なっちゃんが、

「今日はこのコンサートのきっかけの授業をしてくれた担任の西岡先生が会場に来てくれています」

小学校の卒業式の日，５年生時の担任
西岡美香先生と菜摘（2005年３月）

と言って会場で紹介されたことがある。恥ずかしいなあと思いながらもうれしかったし、なっちゃんのことが誇らしかった。

そして迎えた七回目のコンサート。ゲストは米良美一さん。コンサートの冒頭にこのチャリティー・コンサートを始めるきっかけとなった平和授業を模擬授業の形で短縮して行うことになった。

会場は少年科学文化会館。満員御礼の七百五十名。ステージで「少年少女みなみ」のメンバーに対して模擬授業を行った。四十五分で行う授業を約十分に縮めて、淡々と進めていった。何の数字か回答するたびに会場がどよめく。

授業が終わった後、なっちゃんと対談で少し当時の思い出話をした。ステージの上で堂々と対談を引っ張ってくれるなっちゃんは、もうすっかり大人になっていた。

なっちゃんとの思い出

全日本ピアノ指導者協会評議員　池川礼子

なっちゃんとの初めての出会いは、ロシアでレッスンを受け演奏会に出演できる！というピティナの企画でした。幼稚園の時です。お母さまの千可子先生から電話で相談を受け、小さくても価値があるか？と、初めての電話で長話ししたシーンが今でも目に浮かびます。

その時、どんなに小さくても、必ず良い経験、思い出になるし、行かれている先生方との出会いもきっと財産になる、とお話ししたと思います。

ロシアでは、着物を着てプーシキン美術館で演奏しました。とてもかわいくて、マスコミの話題を集めました。私も初めてのロシアで、生徒を連れて行き、レッスンもさることながら、三回も演奏会をさせていただき、とても思い出深い旅となりました。故福田靖子先生とホテルのお部屋で、なっちゃん母娘と四人でカップヌードルを食べ、音楽の情熱のお話をまさにひざを交えて伺えたことなど、本当に鮮明に覚えている旅です。なっちゃんはモスクワを離れる寸前、私がほしかった作曲家のマトリーシュカを必死で走って買ってきてくれました。

私が彼女に今までしてあげられた最高のことは、このロシアの旅へ背中を押し、幼稚園のとき

池川礼子先生のレッスン室にて（2001年春）

から、言葉の通じない異国の地でも音楽は通じる、という経験を持つきっかけになれたことかもしれません。

その後、四年生くらいから直接指導をすることになりました。最初は「なっちゃん、おきてる？」と檄《げき》を飛ばされ、きっとうるさい先生だったと思います。

それが、あれ、変わってきたな？と思ったのは、一年ほどたったころかと思います。学校で、世界には食べるものにも困るような子供もいるという話を聞き、自分はピアノを弾け、なんて幸せなんだろう、と思ったそうです。そして将来、ピアニストは無理でも音楽に関係した仕事をしたい、と宣言してから、変わってきたように思います。自覚をし、目標を持つことにより、きっとずっと意識が高まり、良い練習ができるようになったのでしょう。そして、チャリティー・コンサートを始めることになったのだと思います。この自覚が早いということが、上手くなる秘訣だったと思います。

その後も、特攻隊員が「月光」を弾いて飛び立ったという実話を「月光」を演奏しながら朗読するというステージも、何度も行っています。自分の今できるピアノを使っての平和活動。小さいころに感じた、ピアノを弾ける幸せとぴったり重なる活動ではなかったでしょうか。

いつか、こんなことを話していました。「初めて出会うピアノ、弾き始めてこれは弾きにくいと一瞬思う時でも、すぐにこのピアノと仲良くなろうと思うようにしている」。素直で素敵な言葉ですね。ピアノも反応してくれ、美しい音につながるのだと思います。

常々、ピアノの音にはその人が出る、と思っています。なっちゃんの音にも、その性格そのものの素直な美しい音、流れるようなナチュラルさがあります。小さいころから、ペダルの天才！（ごまかしペダルの時期もありましたが）。それも含めて、美しい音で弾きたいという素直な気持と優しさから生まれる音です。

弟の衆斗君と出た全国大会で最高賞をいただいた前日、F級全国大会で金賞をいただいた前日、もちろん当日。いろいろな思い出がたくさんあり、幸せです。ピアノにしっかり取り組んできた人の努力と、成果を聴けることは至福の時です。なっちゃんの音を聴くことはとても幸せです。これからもどんな素敵な花を咲かせていくのか、見守っていきたいと思います。

これからもいつもにこにこして、優しい性格のままの音を奏でてください。素敵な音楽を創り続けてくれること期待しています！

マトリーシュカって、いくつもいくつも人形が中から出てくるので、繁栄や願い事が叶う幸せを呼ぶ人形だそうですね。あの小さいなっちゃんが作曲家のマトリーシュカを私に届けてくれ、今ではチャリティー・コンサートを十一年も続けているピアニストになるなんて！　まさにいろいろな人に幸せを届けるなっちゃんになるのでしょうね！

＊池川礼子先生の著書＝『100のレッスン・ポイント――名曲が弾けるまでのヒントとして』音楽之友社

なっちゃん、おめでとう！

桐朋学園大学特任教授　二宮裕子

この春、桐朋学園大学ピアノ科卒業おめでとう。しかもそれは、主席という偉業での立派なものでした。

更に、卒業するホヤホヤの二十二歳の若さで、一冊の本まで出すという快挙を自分で成し遂げようとする彼女の行動力には、驚きと共に惜しみなく賞賛の言葉を贈ります。

私が久保山菜摘さんという少女に会ったのは、彼女がまだ中学二年の時、知人の紹介で彼女の地元福岡で会ったのが初めてでした。その後彼女は、何回か上京してのレッスンで見事、ピティナのF級で金賞をいただいたのでした。その後も、数多くのコンクールに優勝、入賞を飾ってきました。

おばあさまが東京に住んでいらっしゃる幸運も手伝い、高校より桐朋の生徒として勉学に励みました。なっちゃんは、物事への判断力、実行力に、他の誰よりも優れた能力を持ち、目的に向かうとその努力に多大な力を発揮します。

私たちを大いに驚かせたのは、小学五年の時、地雷に苦しむ人が居ることを聞き、「自分はなんと幸せなところに住んでいるのだろう」と強く感じたそうです。

宮内庁主催の「桃華楽堂新人演奏会」にて，桃華楽堂の前で二宮裕子先生と菜摘（2015年３月）

そこまでは、多くの子供も思うでしょう。しかし、抜きん出た感受性を発揮した彼女は、自分には何ができるのだろう、そうだ、ピアノを弾いて、チャリティーとして僅かながらでも寄付をしたい、という驚きの発想を思い立ち、実行し続けて十年が経ったのでした。

その十年という節目に、彼女はある機会にペルーの大使館の方にお会いして、是非、クラシック音楽をほとんど知らないペルーの子供たちに、音楽の素晴らしさを伝えてほしい、とたのまれたそうです。

そして、富士山より高い所にある学校を訪問して、クラシックピアノを演奏し、また、日本の家庭で余っている鍵盤ハーモニカを何台も運び、初めて触れる楽器に対し興奮する熱い視線の子供たちに熱烈歓迎を受け、見事〝クラシック大使〟を果たしたのでした。

その行動力には、我が弟子ながら熱烈拍手を送りましたし、子供たちの驚き、喜びを話してくれたとき、私も嬉しくて、胸にキュンと来るものが湧き上がりました。

桐朋ピアノ科主席のご褒美に、もう一つ、すばらしい経験を学校はくださいました。今年三月十八日、桐朋の代表者として、皇居の桃華楽堂で美智子皇后さま、皇太子ご夫妻方に演奏を

「桃華楽堂新人演奏会」後，桃華楽堂内で二宮裕子先生と久保山母娘（2015年３月）

聴いていただくという名誉ある体験ができ、教師としての私も出席できたのは、今までひたすら音楽を愛し、精進一筋に努力し続けているなっちゃんのお蔭と、感謝しました。

自分の音楽を通して、これからも、人のためになることをずっと続けていきたい、と熱く語るなっちゃんには、必ず実り豊かな人生が待っていることでしょうと、祈ってやみません。

新しいピアニスト像を作る菜摘さん

一般社団法人全日本ピアノ指導者協会 専務理事　福田成康

菜摘さんは、大学卒業するまでの二十二年間が一冊の本になってしまうのですから、もの凄く濃い年月を過ごしたことの証ですね。まずはここまで、充実の人生を送られたことを心から祝福します。

福田成康さんと菜摘（2015年３月）。「桃華楽堂新人演奏会」後，ピティナ本部を訪問

私はピアノ側のことしか直接は触れていませんが、菜摘さんはバレエも立派にやり、ボランティア活動もしっかりなさってきました。今後広がるであろう教育観の最先端を走っていると思います。

一昔、あるいは今もかもしれませんが、ピアノの先生は「ピアノを極めるなら部活は止めなさい」と言い、塾の先生は「受験で良い結果を残したいなら、習い事は止めて勉強に専念しなさい」と指導することが、普通に行われていました。

菜摘さんは、中学二年生のとき、ピーターパンを舞台で踊ったその数日後にピティナＦ級で金賞を受賞しました。大学四年生のときには、ペルーの子供たちに鍵盤ハーモニカの指導に行き、数々の伴奏をやりながら、ピアノ・ソロで桐朋学園大学の首席になって、皇后陛下の御前演奏まで出演しています。

菜摘さんの素質が優れているのはもちろんですが、それだけではありません。幅広く、いろいろな活動を行ったことが人間の基礎を作り、いざというとき高いパフォーマンスを発揮するのだと思います。たとえばピアノ・ソロを専門として深めたときにもそうだし、逆も真なり。ピアノを一所懸命やることが学業成績にも良い影響を及ぼします。

ピアノ業界の立場で申し上げるなら、ぜひ多くの方に学業とピアノ学習との相乗効果を実感していただき、中学・高校でもピアノ続けていただきたいです。それが総合的な人間力を上げるのは間違いありません。

菜摘さんは大学を卒業し、徐々に社会での活動を広げていくことになります。ピアノ演奏で聴衆を魅了する、後進の指導をするといったことにはきっと取り組み、立派にこなすのは間違いありません。でも菜摘さんなら、ピアノを極めたからこそ持てる能力や使命感で、人や社会の役に立つ「何か」をきっとやってくれるはず。そのとき世間からは「さすがはピアノ人材！」という感嘆が聞こえてくるでしょう。

このように期待も大きいですが、何はともあれ健康第一で、これから長く続く人生という大冒険を突き進んでください。

ペルー・ウチュジュク村小学校への支援活動と菜摘さんとの交流

アンデスの風　山崎和幸

ペルー・クスコ県ピツマルカ郡区ウチュジュク村の小学校（標高四〇二〇メートルのアンデス山脈にある）は二〇〇五年六月に建設寄贈したもので、私にとってはペルー・アンデス地方での学校建設寄贈として三校目になる。

開校後も、日本全国の小・中学校や慈善団体、コンサート会場での寄贈により、毎年鉛筆、ノートを中心とした学用品の送付を行っている学校で、継続的に支援活動ができている学校です。

二〇一三年からは、学用品の寄贈の他に、交通安全教育や日本国内で演奏家として活動している人たちの中で、チャリティー性の強い演奏活動を十年以上にわたって継続的に行っている方々をペルーにお連れして、西洋音楽や日本の曲を演奏していただき、音楽による文化交流を開始したところです。

二〇一四年五月、当時桐朋学園在学中のピアニスト久保山菜摘さんとお母さんの久保山千可子さんをペルーへお連れして、演奏をしていただきました。

この時は、演奏活動の他に目的がもう一つあり、それは南米アンデス地方では伝統的に民族音楽

山崎和幸さんたちが2005年に建設寄贈されたウチュジュク村の小学校。2014年５月に訪れた際に校庭で歓迎式が行われた

の演奏は譜面がなく、遠い昔から、耳で聴いて楽器で音を出し、グループを組んで演奏を行う伝承音楽が主流だったために、学校での音楽教育では鍵盤を使ったドレミの教育がなされてこなかったのです。

このため、譜面が読めない演奏家がたくさんいるのも事実です。経済的に恵まれない南米の特に標高が高いアンデス地方では、ピアノ、オルガンなどの鍵盤楽器を学校に揃える（購入する）余裕などまずありえません。

このような現実の中で、譜面を読み、楽器を演奏できる教育を始めるにはどうしたらいいのか？　という素朴な疑問から生まれたのが、日本では小学校のある時期に使って、その後は家庭の片隅で眠ったままになっている鍵盤ハーモニカによる音楽教育を行ったらどうか、ということでした。ピアニストでもある久保山千可子先生が中心となって、鍵盤楽器の寄贈を呼びかけたのでした。

二〇一四年五月、演奏活動と譜面を使った音楽教育の提案を目的に、ペルー・アンデスへの旅が始まります。三名で手分けして三十台の鍵盤ハーモニカを手荷物で持参し、ペルーへ運びました。税関でのトラブルを避けるため、事前に駐日ペルー大使館、全権大使の推薦状をいただいたのでス

マチュピチュにて山崎和幸さんと菜摘（2014年５月）

ムーズに持ち運ぶことができました。

アンデスの学校へ向かう前には、ペルーの首都リマ市内において、駐ペルー・日本大使館文化広報部のお世話で、日系社会の皆さんの前で菜摘さんのピアノ演奏会を開催していただいたり、日本人学校での演奏会、また帰国直前には、リマ市内の幼稚園で急にピアノ演奏会をしていただくなど、多くの企画で交流が実現したのです。

持参した鍵盤ハーモニカによる音楽教育の提案と菜摘さんのピアノ演奏会を標高四〇二〇メートルの小学校で開催することについては、幾つかの不安要素もありました。二〇一三年に寄贈した電子ピアノが壊れずに学校に残っているのか、富士山よりも高い所にある学校で菜摘さんの体調が長時間の滞在に耐えられるのか、子供たちが音楽会や新しく見る鍵盤ハーモニカに関心を抱いてくれるのかなど、初めての経験からくる不安材料は数え上げるときりがないくらいありました。

菜摘さんのピアノ演奏を、アンデスの子供たちは澄んだ瞳を大きく開いて食い入るように見つめ、初めて聴くクラシック音楽に耳を傾けます。目隠しをして演奏する菜摘さんの手の動きに、魔法使いの天使が奏でているかのように驚きの表情を見せる子供たち。

演奏が終わり、持参した鍵盤ハーモニカの紹介と音の出し方、指の使い方の説明に、鍵盤ハーモニカの争奪戦が始まります。子供たちの初めて見る鍵盤楽器への関心は、私たちの想像をはるかに超えるものがあり、心配していた不安は一挙に吹っ飛んでしまったのでした。

二日間の鍵盤ハーモニカを使った新たな音楽教育の提案は、大成功でした。

この提案を提案だけに留めず根付いた教育にするためには、継続した基本的な指導が必要になってきます。子供一人一人に行き渡るだけの鍵盤ハーモニカを学校に届けることも必要です。

「鍵盤楽器を使って譜面が読める子供たちの音楽教育を」という熱い思いで始めた活動は、今まだ歩き始めたばかりの国際貢献活動なのです。

バレエとピアノ

石田絵理子バレエスクール代表　石田絵理子

子どもたちが、バレエの美しさにあこがれて、今日もまた急ぎ足でやってきます。

今年、おかげさまで石田絵理子バレエスクールは、開校して四十周年を迎えました。

思えば、開講したころは、小さな小さなバレエ・スクールでした。そんなスクールに、あの当時日本を代表するバレエ界のダンスノーブルとして活躍されていた法村牧緒氏をパートナーとしてお迎えできましたことは、私のバレエ人生の中でとても幸運なことでした。

発表会の歴史の中で、多くのグランドバレエ「白鳥の湖」、「くるみ割り人形」、「眠れる森の美女」、「ジゼル」、「コッペリア」、「シンデレラ」、「バヤデルカ」などを上演いたしました。

すべての主役を生徒たちとともに踊れたことは、どの作品においても、私の心に大きな喜びと感動をもたらしました。そして次への原動力となりました。

日々、バーをもって同じことの繰り返しの中で、神経を集中させて、どのように音楽を感じ、どのように踊るのか、ストーリーを理解し、振付の意図を把握し、役の性格を肉付けしていく過程は楽しいものです。

左からRoseヨーコさん，石田先生，菜摘，カメラマンの藤原翼さん（2014年４月）

しかし、作品の練習に入ったときは、自分にサディスティックにならなければなりません。たとえ足の指に何カ所かまめができたり、爪がはがれたりしても、体調が思わしくなくても、トゥシューズをはき続けます。それゆえ、バレリーナの脚は、人様の前では思わず隠したくなります。

でも、子どもたちはこのトゥシューズの美しさに魅せられ、いつの日にか履けることを夢見て、厳しい練習にも一生懸命耐えている部分もあります。

美が心身共にしみこむまでには、限りない鍛錬が必要です。上達しても傲《おご》らず、常に行動を開始することが大切だと思います。

私がこの年齢まで踊れたことは、練習に没頭することによって自分の精神が高められ、もう一人の自分に常に勇気づけられているように思えてなりません。

今までの貴重な経験を生かし、生徒たちの夢と希望に向かって、よりバレエを大好きになって集中してくれることを願いつつ、より豊かに、愛の鞭でもって、指導に携わっていきたいと思います。

菜摘ちゃんは、私のバレエ・スクールで、三歳から十三年間、バレエを学ばれましたが、心からバレエを愛し、向上心にあふれるとても良き生徒でした。中学卒業後、桐朋学園に入学され、帰福の折にもバレエのレッスンを受講されたほどです。

現在、子どもたちを中心としたミュージカルにも、ダンス・シーンの振付をしたりと、作品作りにも意欲的と聞いています。

バレエは、知力、気力、忍耐力そして表現力を必要とされますが、ピアノもバレエと共通点があり、技術だけではなく、心を表現することが大切だと思います。

青春時代のまっただなかを、夢中でバレエとピアノに取り組み、現在、豊かな表現力で観客を魅了する菜摘ちゃんの演奏に、感動するばかりです。これからもピアノのスペシャリストとして、世界に大きく羽ばたいて下さいね。

久保山菜摘をめぐる断章。生まれながらのピアニストについて。

ピアニスト　大井　健

久保山菜摘を語ることは、僕にとって自然なことである。また、音楽を愛する者として（僕の場合それはちょっと異常なほどなのだが）久保山菜摘の音に触れる楽しみは、例えばお気に入りの作家のエセーに触れるひとときと似ている。

久保山菜摘の音を知ってから、既に片手に収まらない年数が経った。

当時はまだ高校生であった彼女との初顔合わせは、東京の湿度がもたらすまとわりつくようなじとりとした気候とは異質の、長崎での夏のことだった。

長崎駅に程近いとあるコンサート・ホールに僕はいた。それ以前にも訪れたことのある長崎の地ではあったが、市街に足を踏み入れるのは初めてのこと。

音楽家にとって、訪れるそれぞれの中心地域とはコンサート・ホール周辺であり、そのために中心街を通り過ぎることも多い。ホールという名の宿場を転々とするさすらいびと、と言えるかもしれない。

急坂、石畳、路面電車。

その日、一人の高校生とコンサートをすることになっていた。

八月九日。響くサイレンの音。静寂。

一瞬のうちに時空を遡行しちっぽけな自分の存在がどれほど恵まれたことなのかをただ受け入れる、その音とともにいつの間にか久保山菜摘はそこに立っていた。


作品四七のバラードは、ショパンの作品の中で最も、精神性の安定した作品のひとつなのではあるまいか。スケルツォ第三番が王の威厳ある剣の舞いだとすれば、このバラード第三番は王妃の気品に満ちた足取りを思わせる。

磨き上げられた大理石の回廊を心地よい靴音が響く。一抹の寂寥感でさえ、美しさの要素として溶けこみ、複雑なテスクチュアの一部と化す。

ツィメルマンはこの王妃を絵も言われぬ美しい額縁のなかに寸分の狂いなく収めてみせ、ペライアは絢爛な回廊ごと生き生きと再現する。

久保山菜摘はその日、この作品を弾いた。その生きたフレーズはまるで、これから自身が出会うであろう数々の美しい刹那たちに対する希望そのもののようだった。

あるべき「枠」に収めようとするのではなく、ただショパンと一体になろうとする姿は、天衣無縫という言葉がしっくり当てはまった。

そうか、彼女はこの年にして既にピアニストなのだ。そう思った。

「のだめカンタビーレ」という作品が、あまり触れられることのない特殊な世界、音楽大学における学生生活を臨場感たっぷりに描いて見せ一般に広く浸透したのは記憶に新しい。それは奇跡の塊のようなヒロイン、「野田恵」のキャラクタリゼーションに負うところが大きいだろう。

いつの間にか二人でコンサートを重ねるうちに、久保山菜摘は、「野田恵」が決してフィクションの産物ではないことを僕に示した。学生生活、コンサート、コンクール、レッスン。ダ・カーポ。そこには終止線はおろか、小休止さえ書かれていない。

朝、どこでなにを演奏するのか全く知らされないままに、母親の運転する小気味よいオペルに揺られながら次のレッスン課題の譜面を凝視する。

東京へ帰ると日本が誇る厳しいレッスンが待っている。おっと、今日はコンサート当日だ。ここは、きっと九州の何処かだろう。

BGMは自分の演奏したコンチェルトの録音だ。先月のコンサート？ いいや、昨日のだ。

「ドレスを持ってきたかしら」

開演までもう間もない。母親は今日のプログラムを彼女に提案する。アンコールはリストの「ラ・カンパネラ」で良いだろう。いや、会場に設置されているのはリストの過酷な連打に耐えうるハンマーを持ち合わせたピアノだろうか。情報なし。大丈夫。アンコールまでには問題なくフィットしているだろう。今までもそうだったから。八十八鍵あれば、大抵のことは乗り越えられる。

オペルはどうやら楽屋口にたどり着いたようだ。間に合った。

ドラマチックであることすら、感じるいとまがない。久保山菜摘の日常だ。

その光景は、まるで友情のような固い絆、そして〝愛情〟と〝類稀な才能〟で結ばれた母娘が、音楽家の Rail の上をステップを踏みながら軽やかにダンスしているかのようだった。


あるコンクールでの本選のこと。課題曲はショパン。

鍛え抜かれ未来を嘱望されたピアニストの卵たちが、同じステージ、同じピアノを使い、同じ作品を演奏していく。そこに在るのはもはや「音学」だ。

コンクール批判はこれまでも、演奏家という存在が需要を獲得して以来、続いている。

僕の意見はこうだ。コンクール。それは必然であり、必要なことだ。

コンクールはピアニストの心技体を養い、そこで音学を極めた者たちがコンサートで極上の音楽を奏で、脈々とつづく名演奏家たちの歴史の一部となっていく。

しかし、自己が成立しているのであれば、大海を泳ぎ始めればいい。音を奏でるのはメンターではない。あなたなのだから。

久保山菜摘は弾き始めた。

流れたのは「音学」ではなく「音楽」だった。それはダンスだった。僕は満足だった。

モーツァルトが姉のナンネルとの嬉々とした時間のなかで産んだ数々の連弾ソナタ。

ナンネルの指遣いを思わせる優しい対位法もあれば、モーツァルトの練達したフィンガリングが支配的な作品もある。

アルベルティ・バスの上で彼女のステップは躍動し、テンポは脈を打ち始める。

ブラームスの連弾のためのハンガリアン舞曲は、作曲者の厳格な音楽語法に裏打ちされた直感の鋭さを弾きながら体感できる作品である。

大井健さんと菜摘（2009年９月）

そのため構成感を表現するのは難しく、演奏者の直感はするりと逃げていく。ジプシーたちはそう簡単には踊ってはくれない。

しかし久保山菜摘にとってこの作品を演奏することはいわば直感と直感の対峙であり、それが帰納法によって在るべき構成に落ち着くであろうことは僕には自明の理だった。

古びたアップライトピアノ。くっきりと溝が蓄積されたハンマーは動くべき時が来るのを待ちわびていたようだった。
そしていつの間にか、僕は久保山菜摘とダンスしている自分に気がついた。
あなたの音はあなたの心のままに。それが自然なこと。
さあ。次のダンスを始めよう。

ぶれない！ 折れない！ 媚びない！

デコレーション・アーティスト　Rose ヨーコ

この度、なっちゃんこと久保山菜摘さんの本が出版されるそうで、自分のことのように、心から嬉しく思います。

そもそもなっちゃんとのご縁は、母親の千可子さんとの出会いから始まり、現在に至っています。毎回、お会いする度、彼女のピアニストとしての成長は目を見張るほどのスピードで、ただただ眩しい限りです。ピアノに一途！ のなっちゃんが奏でる音は、まるで可憐なシンデレラのようで、愛おしく思う次第です。

飯塚音楽祭では、当社作品「復活」のアートから切り取ったドレスでの一位入賞!! お陰さまで、当方も人生の貴重な思い出と財産になり、感謝の気持ちでいっぱいです。

引き続き、コンサート他のパフォーマンスのドレスも、作品「燃える想い」、「月光の微笑み」、「夢よ再び」と、ドレスと共に、益々羽ばたき続けるなっちゃんは、本当に素晴らし過ぎます。

そして、宮内庁主催の「桃華楽堂新人演奏会」では、彼女が着用した「夢よ再び」のドレスを皇后さまに褒めていただき，大変嬉しく思っています。

第五弾の、コラボのドレスが、今からとても楽しみでもあります。

Rose ヨーコ・アートから切り取った世界に一枚のドレスで、国内外に向けて、一段と輝き続けるなっちゃんに、あらためて、心底、エールを送らせて頂きます。

小学生から始めたチャリティー活動は、ぶれない！ 折れない！ 媚びない！ の強靭な精神力の賜です。フレ〜フレ〜!! そしてパチパチ!! のなっちゃんの、今後が楽しみでもあります。

第10回チャリティー・コンサートの第二部にて，Rose ヨーコさんとトーク（2014年４月）。菜摘着用のドレスはヨーコさん作「月光の微笑み」

同上コンサート第一部で着用した，ヨーコさん作「燃える想い」

久保山菜摘さんの本の出版にあたり

指揮者　木村厚太郎

彼女と出会ったのは、今から七、八年前のことと記憶しています。まだ弟の衆斗君もピアノを弾いていたころです。

なっちゃんのこれまでの成長と成功は、もちろん彼女の努力と才能があってこそでしょうが、母千可子さんの教育に対する眼の付け処と方針のあらわれだと思います。

千可子さんは常々、ピアノは一人で弾くだけではだめ、アンサンブルをもしたり、子どものころからコンチェルトなどを経験する必要がある、歌や踊りもさることながら、表現するすべてのことについて見聞を拡げる必要がある、と言われていました。

今現在でも、それに変わりはありません。現に、最初になっちゃんに会ったころは、彼女はピアノだけではなく、歌を歌い、バレエを踊ったりしていたことを記憶しています。

今、久保山ファミリーが挑戦していることに私も賛同し、共に活動をさせていただいているわけですが、久保山さんは『ぞうれっしゃがやってきた』、ペルーへの楽器のプレゼント、九州国際フェスティバルであり、私も十年前より、ベートーヴェンの第九を通して人々が仲良くなり、音楽を通じて文化を創り、豊かな世の中を作るという活動をしています。

その活動の中で気仙沼に訪問し、津波の被害で廃校になってしまった南気仙沼小学校の校歌を歌い継ぐこともしています。

ベートーヴェンは、戦争で疲弊した民や音楽家を救うべく、この第九をはじめ、「人類は兄弟だ」と謳っています。現代の言葉に訳すと、「仲良く」だと思います。私の目論見は、とりあえず日本国民全員が第九をドイツ語で歌えるようにする。そうすれば老若男女、三世代にわたって第九をテーマとしたコミュニティの場ができ、一度原語のドイツ語で覚えてしまうと、日本国内のみならず、世界各地に第九を歌いに行くことができる「人生のパスポート」ができます。

そうすれば、経済ももっと豊かになっていくと思います。そうなると、人の心も必ず豊かになっていきます。

そのようなベートーヴェンが考えついたことを、現代においてそのことにヒントやインスピレーションを感じて活動しているのが、久保山親子そして私の活動ではないでしょうか。

人から何と言われようと、自分の信じる道を突き進み、続けていくことの大切さを、私はこの出会いにより学ばせていただいていると思います。

オーケストラスタイルＫ常任指揮者，マイコープナショナルフィルハーモニー管弦楽団首席客演指揮者

久保山菜摘について

作曲家・ピアニスト　中村匡宏

久保山菜摘との初対面の印象

初めて彼女と出会ったのは、当時私がピアニストとして所属していたアーティストユニットと彼女のコラボレーション企画であった。とてもタイトなスケジュールで、リハーサルも、顔合わせすらも十分にできなかったことを覚えている。しかしながら、その時はお互いに音楽を感じ合い、何の問題もなくステージを熟した覚えがある。

当時彼女は高校生だったが、プロの音楽家と仕事をしている感覚と全く変わらなかった。それ以降も彼女と多くのステージを、ピアニスト、作曲家として共演してきたが、楽しい思い出ばかりである。

現代音楽における久保山菜摘の技術と音楽性に関して

現代音楽の分野において楽譜に忠実に演奏することは、ロマン派の作品を演奏する時よりも重要視されることかもしれない。それは、ピアニストを志す学生が段階を経て現代音楽の学習に辿り着くように、現代音楽に音楽的価値を見出すまでに必要な知識が非常に多く、深く精神的な音楽的考察の前に技術に頼る必要があるからだ、と私は考える。幸いなことに古典派やロマン派のスペシャリストが現代曲の素晴らしい録音（解釈）を残しているおかげで、現代曲がただのつまらない啓蒙的音楽になることは阻止されている。しかし問題は、聴衆がどこまで理解できるか、ということであると私は思う。

古典派、ロマン派、商業音楽、いわゆる調性音楽はもちろんのこと、ダンス音楽や映画音楽などに多く使われるビート（拍子が強調されているもの）を持つ無調作品などが多くの聴衆に好まれるようになったことは、ここ数年だけでも強く感じることができる。このような音楽は、演奏者が作曲家の立場に立ち（またはそうでなくても）、聴衆を喜ばすために音楽を組み立てていくことが一般的である。

しかし現代音楽と分類される作品の演奏になると、状況は一変する。演奏者が聴衆の立場になり、作曲家を喜ばすために演奏をするのである。これはもちろん作曲家の立場として具合の悪いことではないのだが、本来の音楽の作り方とは異なっているように感じ、また筋違いに思える。

残念なことに、現代音楽に対する解釈の傾向として正確な演奏にこだわりすぎる演奏家は少なくない。また聴衆の期待する現代音楽の演奏の性質が正確な演奏であるということに偏っていることも事実である。しかし、作曲家として演奏家に求めるものは、正確な演奏はもちろんだが、それ以上にロマン派や古典派の音楽を演奏するときに持つような音楽に対する情熱である。

彼女は私の作品に対してその情熱を持ってくれる。彼女のために作品を残す作曲家はこれからどんどん手を挙げることと思う。

アンサンブル奏者ではなく伴奏者としての久保山菜摘

ピアニストは伴奏もできてあたりまえ、という常識は昔からあるものではない。声楽の分野で多く仕事をしてきた身分として言わせていただければ、彼女は伴奏者としても確立していると考える。それは新国立劇場で研鑽を積んでいる素晴らしい若手テノール歌手小堀勇介と彼女の演奏を聴いて感じた。彼女がアンサンブル奏者としても長《た》けていることは、私が口にするまでもない。これはアンサンブル奏者ではなく伴奏者としての価値である。

私は長く小堀とコンサートを共にしてきた。彼の良いところはもちろん沢山知っているが、癖も良く知っているつもりである。本来、声楽家と伴奏者は深く結びついており、たとえ同性であったとしても他のピアニストと仕事をしているところを見ると嫉妬してしまうものである。

しかし、彼女と彼の演奏を聴いても不思議とそう思うことはなかった。それはおそらく、彼のことをよく考えた演奏、納得できる演奏であったからだと私は思う。伴奏者としての素晴らしさを理解するには、彼女と活動を共にしなくてはわからない。

近年、声楽などのコンサートにおいて、伴奏者をアンサンブル奏者と呼ぶ傾向があるが、この考え方は伴奏者に対する敬意（もちろん善意）から生まれたものであると私は思う。例えば去年までは伴奏者としてプログラムに載っていたはずが、急に今年のコンサートからはピアニスト、またはアンサンブル奏者と書かれたりする。プログラム制作者に話を聞くと、「ピアニストが音楽にもたらす影響は歌手と同等である」とのこと。もちろんその通りだと私も思う。しかし私は、その二つ（アンサンブル奏者と伴奏者）は別のものであると考えている。

本来、伴奏者というものは主奏者の演奏を良い意味で助長させなくてはならない存在であり、必要ならば自分の演奏の質を低めてまでも寄り添い、主奏者の音楽を高める必要がある、つまりそれも伴奏者としての価値であると思う（この件は、結果的に質の高い演奏と評価出来る、また自分の演奏の質を下げるという言い方は間違いかもしれない、自分の思う質の高い演奏をそのままの形では表現することが難しいということである）。

たとえるならば、主奏者が絵画であれば額縁はアンサンブルの関係であり、絵画と美術館の関係は主奏者と伴奏の関係にあてはまると私は考える。これは技術だけではまかないきれないものであり、時にはストレスを感じながら演奏しなくてはならない。

しかし彼女は、主奏者との関係を円滑に築き上げながら主奏者を立てる良いステージを構築することができる。そして細かいことかもしれないが、同業者に嫌われない、嫉妬されないこともこの世界で生きていくためには大変重要なことである。

中村匡宏さんと菜摘
（2010年３月）

ステージの演出に関して

彼女のコンサートに足を運んだことがあれば容易に理解できると思うが、彼女のコンサートはただ延々と演奏を行うだけではない。彼女の解釈による楽曲の解説はもちろん、演奏楽曲に関するエピソードなど、専門家が聞いても納得できるユーモアな話を彼女自身が行うことが特徴的である。このような演出に関しては、他のピアニストが行っていないわけではないが、聴衆を楽しませたいという彼女の人間性が大きく出ているものである。

ピアノの楽曲というものは、言葉をもつ声楽曲と大きく違い聴衆の感情の移入が難しい（声楽曲に関しては演奏者と聴衆が、言葉によって同等の文化的価値を共有できるため、より複雑な音楽表現が可能である）。そのためピアノのコンサートに関しては、事前に楽曲の背景または技術的な知識を持って聴くことができなければ十分に楽しむことができない。つまり音そのものの美しさ、音楽性の構築を楽しむためにはそれなりの経験と知識が必要である（もちろん彼女はそれだけで聴衆を楽しませる技術を持ち備えているが）。聴衆がその準備を持ち合わせてコンサート会場に向かうということは、現代の日本社会においては時間が足らなすぎることは皆様ご承知のことかと思う。彼女のコンサートのスタイルは現在の日本のコンサート・スタイルにおいてとても重要で、また一般化されるべきものであると私は考える。

共演者としての久保山菜摘（久保山菜摘の人柄）

日田市の小学校にて，朗読する中村匡宏さんとピアノを弾く菜摘（2010年夏）

現在、音楽家として最も重要なものの一つに社交性がある。これは私の知る限り一昔前までは不要なもの、むしろ芸術活動に支障をもたらすものとして認知されていたように思う。しかし、今を生きる音楽家は広い範囲の聴衆を相手にしなくてはならず、そのためには様々な分野のクライアントとの繋がりが必要である。もちろんパトロン、マネージャーがいて大きな会社をスポンサーに持てることができれば聴衆を選ぶ、という選択肢もある。しかしそれが今の時代、簡単ではないことは音楽家が一番よく知っている。

彼女がそれをどれほど意識しているか私にはわからないが、私がピアニストとしての共演者、また作曲家（クライアント）として接した時、本番を含むコンサートの準備、またはプロジェクトを進行する上で何一つストレスを感じたことはない。それは彼女がこれまで真面目に音楽と向き合い、それ相応の技術を持ち備えているからであると私は感じる。自分の理想と自分の技術を計画的に見極められない演奏家はすぐに社交性を失うか、社交性のみに頼りだしてしまう傾向にあると私は思う。

ピアニスト×作曲家として

・"Prelude" ～ピアノのための～

この楽曲は、彼女によってニューヨークにて世界初演された作品である。これは、この初演から五年前に制作完成された作品であり、もともとはスイス在住のピアニストのために書かれたものであった。彼はテクニックに定評のあるピアニスト（いわゆる超絶技巧系ピアニスト）で「できるだけ技巧的な曲がよい」という要件で作曲した作品である。

当時、この作品は日本で楽譜上良い評価を受け、スイスで行われる予定であった初演を私はとても楽しみにしていた。しかしながら、演奏が困難であるということが理由で公演の延期が何度か続き、結局日の目を見ずして御蔵入りしている状態となった（このような話は作曲の世界では珍しいことではないのだが、御蔵入りした作品が日の目を見ることは珍しい）。

そこへニューヨークでの出品の話が舞い込み、私はこの作品を選び彼女へ渡した。彼女はこの作品と真面目に向き合い、私に何度も質問の電話を寄越した。それは私の作品における五連符の持つ音楽的機能の話や、彼女の解釈と私の意図が合っているかといった内容の質問である。その時の彼女のスタンスは「わからないから教えてくれ」ではなく「これで良いのか？」であった。その姿勢に私は感激し、解釈が合っているか合っていないかはもはや重要なことではなく、彼女がどのような音を出すかということに興味があった。もちろん彼女は私が望む以上に弾き上げ、奏楽堂での再演まで果たしてくれた。

作曲家として自分の作品が再演されることは本当に幸せなことである。Prelude（前奏曲）という曲名はもちろん後続の曲を作曲する予定があるためであるが、この後続曲は例の彼ではなく彼女のために書くために転向したことは言うまでもない。

・〝Copula〟〜朗読者とピアニストのための〜

この楽曲は一般的に言う〝シアターミュージック〟、つまり簡単に説明をするならば演奏だけでなく動作の仕方、時間の使い方、解釈の仕方など様々な要素が作品の芸術性の構築、方向性に関係するものである。

この楽曲は図形楽譜で書かれており、また手袋を装着しての特殊奏法など古典音楽にはあまり現れないものが多く含まれている。しかし彼女はいとも容易《たやす》く私の意思を超えた演奏をしてくれた。一言で言っているが、作曲家の狙うものを超えて表現することはそう簡単なことではない。しかしこのことは、演奏者として絶対に熟さなくてはならないことであると私は考えている。

また、図形楽譜というものを使用する場合、作曲家は一般的に現代音楽専門のピアニストや作曲家兼ピアニストの音楽家に依頼するという方法を選ぶ、しかし私が彼女にこの曲の初演を依頼した経緯は、彼女の表現力に可能性を感じたからであり、前にも記述したように「わからないから教えてくれ」ではなく「これで良いのか?」という彼女のスタンスに対する興味である。

・〝箱男〟〜安部公房原作オペラ〜

私が長年かけて制作している安部公房原作のオペラ〝箱男〟の完成前におけるコンサート・スタイルの発表において、彼女のピアノ、オルガン演奏は必要不可欠である。それは、彼女がこの作品を演奏するために必要な高い演奏技術、ピアノとオルガンを弾き分けるセンス、伴奏としてのピアノ、そしてアンサンブルとしてのピアノを演奏する能力を持ち備えているからである。

彼女のコンサートやピアノ・コンチェルトの経験はソロピアノのテクニックに大きく影響し、カルテットなどの公演はアンサンブル・ピアノ、声楽家とのコンサートにおいては伴奏者としての能力に影響しているであろう、また特殊な奏法も出てくる上に、オペラの内容まで把握し、指揮者と歌い手に従いながら音楽を進めなくてはならないオペラの性質を思うと、彼女はこの作品の演奏者としてとても向いていると考える。彼女に多くの演奏の機会を与えてくださった方々に感謝したいほどである。

またこのオペラ〝箱男〟は、オーケストラに加え二台のピアノが必要な作品であり、当時の一部公開のコンサートでは私自身もピアニストとして参加していた。言うまでもなく私は楽曲を一〇〇%理解しているわけなのだが（文学的な理解ではなく自分の制作した楽曲に関して）、彼女の演奏から窺える助言は、本当にためになるものだった。彼女の演奏によって作品自体の構築を見直すこともあった。これは作曲家と演奏家の理想的な関係だと私は感じている。それは技術的なことだけではなく、音楽の表現方法である。

オペラの演奏における演出では珍しいことではないのだが、歌い手の心情を浮き立たせるために、その感情に対して異なる音楽表現を行う手法がある。ここで簡単に例を上げるのであれば（ここからは私の見解である）、狂乱の場面では音楽は比較的明るく妖艶な香りを漂わせるが、演奏者は決してその雰囲気に呑まれては良い表現はできない。また救済の場面（息絶える場面であるが、それが当人にとって幸せに繋がるもの）ではとても複雑な音楽表現が求められる。このような音楽を表現するためには、彼女のように様々な分野に精通していなくては音をただ鳴らすことすら困難であると考える。

商業音楽への適応

昨今、クラシックの音楽家が商業音楽に手を出さない、手を出したくないと考えることは特別なことではない（クラシック音楽家を志す、未だ半人前の音楽家に多いように感じる）。この件に関しては、クラシック音楽を志している者なら誰しもが一度は考えることであると思う。それは、クラシック音楽を学ぶ人間が閉塞した環境内で音楽を学んでいることが原因であると私は推測する（もちろん悪い意味である）。

商業音楽とは何であるかという話に発展させるならば、現在の日本において（もちろんヨーロッパでも）クラシックもその域に存在していることは間違いではないわけであって、話はやや複雑になる。しかし、今を生きる日本の読者なら私が何を言わんとしているかはわかっていただけるだろう。

その点彼女は、その問題を何も感じさせない。なぜなら、彼女が表現する音楽は聴衆が求める表現の基礎を根本としているからである。つまり彼女は、クラシック音楽に関しても現代音楽に関しても商業音楽と言われている音楽に関しても、平等に質を保っているのである。また、いわゆる反商業音楽派の聴衆を前にしたとしても、また一般的な聴衆を前にしても、皆が満足できる高い水準の商業音楽を奏でることができるのである。

ちなみに私は、この文をオーストリアのウィーンで執筆しているのだが、こちらの国でも同じような傾向がみられる。しかしそれは娯楽音楽 Unterhaltungsmusik と真面目な音楽 Ernste Musik と区分されている。この真面目な音楽という言葉は、日本でも流通するととても居心地がよい。

残念なことに、いわゆる商業音楽とクラシック音楽を仕分けできる音楽家は多いが、すべての音楽家が作品を質で仕分ける能力を備えているとはかぎらない。つまり商業音楽という分類を最小単位として話をしている音楽家に対し、私は信用ができない。

私の考えでは、質の悪いクラシック作品を選曲してコンサートを開いているピアニストよりも、とても質の高いアニメ音楽（もちろんその他クラシック以外の音楽、どのような音楽でもよい）をコンサートで選曲しているピアニストのほうが遙かに格上である。

誤解を招かないように補足するが、【質】と【品】は別物である（まだこのような分類に意見を持っている私は未だ半人前なのかもしれない、私は、幼少のころから師匠に聞かされてきたクラシック音楽界と商業音楽界のこの大きな問題が、早く良い方向に進むことに期待する一個人にすぎないのである）。

これからの久保山菜摘に関して

もちろん偉大な国際的ピアニストに発展していくことは容易に想像できる。しかしそれだけに留まらず、彼女を取り巻く芸術家、またはそうではない人々も含め、全世界の幸せの底上げに貢献出来るような人間になっていくことを期待する。良い意味で彼女はピアニストとして活躍するだけでは役不足である。

音楽の導き

E♪Music代表　高瀬貴子

久保山菜摘さんとの出会いは、およそ十年前の福岡でのピアノ講師の勉強会になります。勉強会後の食事会の素敵なレストランで、菜摘さんがピアノ演奏をされました。

その当時、菜摘さんは中学生だったと思います。私たち講師は、菜摘さんの演奏の透き通った音色に感銘を受け、心を奪われてしまったことを今でも鮮明に覚えています。

それからしばらくして、ふとしたきっかけで、菜摘さんのお母さまである久保山千可子先生のご自宅へ伺う機会に恵まれ、先生とお話ししているとき、先生が一本のビデオを観せてくれました。そのビデオは、五人のオペラ歌手のユニットが歌っているプロモーション・ビデオでした。

この一本のビデオから、私たち「E♪Music」の音楽への大きな活動が始まったのです！　まさに今考えると、音楽のお導きがあったのだと思います。

私たちはすぐに先生と、ハウステンボスで開催される彼らのコンサートに行き、その歌声を聴きました。

そして、是非、私たちの地元（日田市）の人たちにも聴いてもらいたいと思い、久保山先生にもお願いして、菜摘さんとこのオペラ・ユニットのピアニストとバリトン歌手の二人のメンバーによる「コラボレーション♪コンサート」を開催するよう奔走しました。このとき、菜摘さんは桐朋の高校生でした。

　そしてついに、「E♪Music」結成後初の、一夜限りの夢のような「スプリング・コンサート」がパトリア日田で開催されたのです。

　今まで聴く機会のなかった、高校生ピアニストの素晴らしいピアノ演奏とバリトン歌手内田智一さんとピアニスト大井健さんの演奏に、日田の方々はびっくりして目を丸くしていました。会場は満席での大喝采……。

高瀬貴子・藤原鶴美教室合同発表会に菜摘がゲスト出演。高瀬さんと（2015年3月，日田パトリア小ホール）

　それを舞台裏で視ていた私たちは、人々が喜んでくれることの素晴らしさに感動し、生の音楽の凄さに改めて気づくことができた瞬間でした。

　このコンサートを実現させたことで、私たちはもっともっと子供たちに生の音楽に触れてもらいたい、と強く願うようになりました。

　そこで、すでに菜摘さんがされていた〝音楽による平和活動〟を市内の幼稚園、保育園、福祉施設、小・中学校などへの訪問コンサートとして広げようと思い、菜摘さんの生のピアノ演奏と朗読による、実際に鳥栖市であった特攻隊のお話「月光の夏」をベートーヴェンの「月光」の曲にのせて演奏してもらいました。

会場からはすすり泣く声が何度も何度も聞こえていました。

その後もたびたび菜摘さんに日田に来ていただき、チャリティー・コンサートや学校・施設で演奏してもらい、さまざまな場所で演奏会が開かれました。

さらに、最初ビデオで見たオペラ・ユニットに、コンサート会場だけでなく、子供たちの日常の場でもある学校にも足を運んでもらい、本物の生のオペラの声を聴いてもらうことにしました。

日田市の協力も仰ぎ、二〇一〇年七月、ついに私たちの思いが実り、学校訪問コンサートとホール・コンサートが同時に実現しました。

その学校訪問のとき、体育館で歌声を聴いたある男子中学生の一人が、心を強く揺さぶられ、「自分も歌いたい！」と願い、すぐに声楽の先生に歌を習いに行くまでになりました。

まさに、これが私たちが目指したもののひとつであり、「音楽の力」だと痛感したのです。

その後も私たちは、歌だけにとどまらず、地元の子供たちに、もっと身近に「音楽の力」を感じてもらおうと、久保山先生のご協力のもと、ポーランドやボストンからの海外のオーケストラを招いて、日田市との共同で「吹奏楽とオーケストラとの協演」や、子供がオーケストラをバックにピアノ演奏をするスタイルの「ピアノコンチェルト」の経験をしてもらいました。私たちの思いをもっと伝えようと今も活動しています。

この活動を、大切な仲間と共に「音楽＝こころ」として伝え、やがては本物の音楽を私たちから発信していければ、と願っています。

未来ある子供たちが音楽を通じて、生涯にわたり心豊かな人生を送ることができれば、何ものにも代えがたいことです。そのお手伝いを少しでもできれば、と思っています。

最後に、私たちに音楽の心を強く教えてくれた久保山千可子先生・久保山菜摘さん、また、私たちの活動にご理解・ご協力をいただいた全ての皆さんに感謝いたします。

「いつもみなさんの心の中に音楽がありますように……」

私の使命

音楽教室La La・シンフォニー代表　野中朋子

私は、現在六十名を超える生徒さんを持つ、「ママと赤ちゃんのリズム遊び」、「ピアノ教室」を含む、「音楽教室La La・シンフォニー」代表の野中朋子と申します。

出身は広島県呉市で、主人の転勤で全国を転々としながら、十年前にここ福岡の地で、自ら四人の子どもを抱えながらのスタートとなりました。

久保山千可子先生との出会いは、今から二年程前です。一年生になる娘に外の先生と出会ってほしかったのと、以前から気になっていたバスティン・メソッドを教えて下さる先生を長い期間探していました。

ある方を通して、先生を紹介していただいたのですが、初めてお会いした日の衝撃は今でも忘れることができません。なぜなら、私は先生を男性だとばかり思っていたからです。理由は分かりません。経歴だけを聞いていて、その行動力に勝手に脳が男性だと思ったのでしょう。

先生はニコニコと優しく出迎えて下さり、色々なお話を聞かせて下さいました。私は直感で、「ここしかない」と思いました。すぐに、親子でバスティンを教えていただきたい、とお願いし、習えば習うほどに、バスティンのすごさを知ることとなるのです。

時を同じくして、ペルーの「インカニャン」とペルー支援者の山崎和幸さんとの出会いもありました。先生に誘われて、初めてランチ・コンサートに行き、そこで聴いたインカニャンのライブ。私は自分の前世がペルー人だったのではないかと思うほど彼らに魅かれ、ＴＶ局からインタビューをされるほど踊りまくっていました。

これはどうしても教室の子どもたちに聴かせたい、と自宅でコンサートをしていただいたり、そこから、地域にもひろげたいと商業施設のホールを借りてペルーの学校支援コンサートもしました。そのとき、なっちゃんも駆けつけてくれ、なんと電子ピアノや鍵盤ハーモニカでピアソラやチャールダッシュをコラボしてくれました。こんなにすごいピアニストなのに、生のピアノがなくても0から音楽が作れる、お母さんと同じ平和に対する熱い血が流れていらっしゃるのだ、と感動しました。

野中教室のホームコンサートにて，野中朋子先生の朗読と菜摘のピアノ演奏（2014年夏）

さて、話は戻りますが、こうしてなっちゃんが私の教室に出入りしてくれるようになります。私の朗読と即興コラボ。また、コンクール前の生徒さんの指導、若い感性で子どもたちの心をとらえていただき、なっ

野中朋子さん，お嬢さんの美結（みゆ）さんと菜摘（2014年冬）

ちゃんにファンレターを書く生徒さんもいます。

私はお二人が教えるバスティンに深くはまっていき、ついには「よし、教室丸ごと、バスティンに替えてしまおう」と、お母さん方全員に集まっていただき、バスティンの説明をしました。

今思うと、皆さん、あのときはよく分からないけど、こんなに先生が熱く語っているから、と受け入れて下さったのだと思います。

色々ありました。大きいお子さんに初歩の動物カードからする必要があるのかと、悩みと不安の連続でしたが、一年半が過ぎ、ものすごい成果を感じています。今では、赤ちゃんから大人まで、全員がバスティン・メソッドに移行することができました。生徒たちのお陰で学ばせていただいていることも感謝です。

それと、どうしてもはずせないのが、「少年少女みなみ」の存在です。これも初めて観たときは、夜の十時半になっても元気いっぱいに歌ったり踊ったりする、しかも二歳児さんまでいる！という驚きでいっぱいでした。

娘をまず入会させたのですが、内気で大人しかった娘の大変身に、子育ての常識を大きく覆《くつがえ》されました。そして教室のママたちに、また熱く語ったのです。いつも思うのですが、そのときに久保山先生が、ちっとも「私の教室だから、外部の方は不可です」とおっしゃらない、むしろ、「一緒に！　一緒に！　一人でも多くこの体験をさせよう」というスタンスでいて下さったからこそ、今の私がいます。本当に恵まれていました。

今では、うちの教室から、現在十名以上の子どもたちが「少年少女みなみ」に所属し、保護者とともに活躍中です。

久保山先生となっちゃんの、ピアノへの想い、平和への想い、全ての音楽活動は、一〇〇％私の魂に響いてくるのです。私には、それを私が出会う子どもたちへ伝える使命があると感じています。そのためにお二人に出会えたのだと。その奇跡の出会いに感謝し、使命を果たしていきたいと思っています。

ホンモノの音楽に触れてほしい

しんび音楽教室　中村真由子

音楽は私たちの日常的な生活から非日常的な事柄に至るまでも溢れており、スキンシップを取ることが可能です。学校での音楽の授業、またテレビで放送されている音楽番組を観る、クラシック・コンサートに足を運ぶなど、スキンシップを取ることで気分が高揚したり、感動を得ます。私たちの心に感情という贈り物も届けてくれます。アプローチは様々ではありますが、音楽を通じて贈り物を貰っている人は多いのです。

一方で、自らの感情を音楽を通じ、贈り物を届けている人はどのくらいいるのでしょうか。言語の手段ではなく、メロディーを歌い、楽器を奏でて伝えることのできる人は、実際どのくらい存在するのか。近年の社会生活基本調査で判明したことですが、そのような人々は子供含め約七百万人、人口比で表すと六％程度。しかし、楽器をやりたい人は七割程いるといわれています。

私たちはこの事実に直面し、「教育者の立場としてこの思いに応えることができないのか」という考えに至ったのです。その答えは、音楽教育の活性化でした。まずは私たちの身近な九州や地元の佐賀県からの発信を目標に掲げました。

音楽教育というものは、まだ身体が発達していない〇歳児から始められる、数少ない教育法です。五感で音楽を感じて、心を育てることができます。そこで弊社はリトミックを取り入れ、指導領域を園児から〇歳に拡大しました。現在では、佐賀県下多数の幼稚園や保育園にて、〇～二歳までの親子リトミック、園児のリトミック指導を行っています。また、SBCリトミック協会理事を務め、県内ではまだ少ないリトミック指導者を多く輩出しています。リトミックのみに限らず、ピアノ指導にも力を入れ、より多くの表現の場を与えたいとの思いから、二歳児から参加ができる「九州新聞社ピアノコンクール」の実行委員も務め、地域の音楽教育に貢献できるよう活動を始めました。「もっとホンモノの音楽に触れてほしい」と、活動が増えるほど思うようになりました。ホンモノは存在しても、ニセモノが存在するとは言えません。ここでのホンモノは、より質の高い音楽を示します。

弊社は、Boston 社の日本には一台しかないグランドピアノ「ボストンブルー」を教室に置き、いつでも、誰でも、ホンモノの音でのレッスン環境作りを実現しました。それに加え、九州国際フェスティバルに参加し、生徒さんが海外オーケストラとピアノ・コンチェルトを果たしたり、音高・音大受験生にはピアニストの特別講師によるセミナーを開催したりと、多くのホンモノと触れ合う機会も設けています。

平成二十五年一月に開催しました弊社の発表会では、久保山菜摘さんとペルーより「インカニャン」の方々にゲスト出演をしていただき、出演者の皆様が一体となって「ホンモノ」を分かち合え

中村真由子先生が主催するしんび音楽教室の発表会に
「インカニャン」と菜摘がゲストで出演（2014年１月）

ました。

これから先、皆で音楽の素敵なプレゼント交換の機会が増えることを願って、お手伝いをさせていただきたいと思っております。

ピアノを通じて得たもの

ソレイユ音楽教室主催　三島由美子

久保山千可子先生との出会いは、六年前の冬、息子光矢が三年生のときでした。初めて挑戦する「ショパンコンクールinアジア」の福岡予選の前に、ポーランドより審査のため来日しているカヴァラ先生のプライベート・レッスンのを受けたときのことです。

それまでにない外国人の先生の、通訳を介したレッスンに、緊張で演奏どころか受け応えもまともにできずに終わった三十分でした。

呆然とする私たち親子に、「本番前にリハーサルをしているから、一緒に参加しませんか?」と、声をかけていただき、何とかこの状況を良くしなければという思いから、リハーサルに参加しました。しかしそこでも生徒さんたちのあまりにもレベルの高い演奏に、またまた衝撃を受け、春からお世話になることになりました。

その息子も今年(二〇一五年)三月に中学卒業となり、卒業式の合唱の伴奏という大役をいただき、受験勉強の傍ら弾きこなした姿に感動しました。

陸上部の副部長として、また長距離ランナーとして、忙しい日々にピアノを続けてこられたのも、厳しくも温かいご指導の賜です。

ピアノ・コンクールの全国大会という名目で、大阪、名古屋、東京と、息子と一緒に旅もしました。「せっかく行くのだから、楽しんでおいで！」という先生の言葉通りに、その土地での観光も満喫し、ピアノを通じて寄り添い共通意識を持つことはとても良かったと思います。

先生との出会いで大きく変わったのは、これだけではありません。私の指導者としての在り方です。ちょうどそのころ、ピアノ教室の方針や運営に悩んでいました。ピアノのことだけではなく、日々の生活をも支える先生のご指導に、大きく影響を受けました。甘えん坊で打たれ弱かった息子も、ピアノのコンクールや合唱サークル「少年少女みなみ」の舞台に立ち、強くたくましくなっていったのです。私もこのように生徒たちを芯から支えることのできるピアノ指導者を目指さなければと思いました。

これまでに先生のご指導を肌で感じ思ったことは、

「学ぶべき目的をはっきりレッスンで伝える」

「そのためには、常に脳に働きかける言葉かけ」

「それを定着させていく環境づくりとして、保護者と生徒と指導者の三位一体」

の三つです。

これらのことを実践していく教材として、バスティン・メソッドを久保山先生より教えていただき、自身の教室にも取り入れました。そして現在、三歳から大人の方までが幅広く通う教室に成長しました。また、全日本ピアノ指導者協会のピティナ・カナリヤステーションの代表という機会もいただき、感謝の気持ちでいっぱいです！

菜摘さんとは昨年（二〇一四年）の十一月、私の住む粕屋町で、地域の皆さんが集えるマイ・タウンコンサートを一緒に開催させていただきました。公民館の古いアップライトピアノが、菜摘さんの演奏が始まると、息を吹き返したかのように見事に歌ったのが印象的でした。

また、フォルクローレ・グループ「インカニャン」と菜摘さんのコラボレーションでは、会場のお客様が一体化して見事な調和が生まれました。たくさんのご来場の皆様へ、生きていく喜びと平和への想いを綴った朗読「八月八日の終電車」。菜摘さんの心地良いピアノに包まれて、お話とともに高まる気持ちを朗読に込めました。私にとっては奇跡のコンサートです。

「なっちゃん、ありがとう！」

これからもお二人の新たなる挑戦に刺激を受けながら、音楽の喜びを周りに伝えていける教室でありたいと思います。

三島由美子さんの主催するマイ・タウン・コンサートにて三島さんと菜摘（2014年秋）

なっちゃん、ありがとう

ソウルスプラッシュクルー代表　黒岩洋子

最初に、このような素敵な機会を頂き、久保山先生には心より感謝しております。ありがとうございます。

私たちSoul SPLASH CREW（ソウルスプラッシュクルー）は、息子の翔、隼人を中心に、いづみ、久美子、知里の五人のメンバーで構成しているダンスパフォーマンス・ユニットです。名前の由来は、純粋な魂の飛沫……純粋に踊っている幸せな心が観ている人々にも飛び火して、皆が幸せになっていただければ、という願いから、単にダンスを観せるというよりメッセージ性のあるユニットで〝魅せる〟を重視し、パフォーマンス・ユニットと付けています。

日本ではなかなかエンターテイメントとして根づいてないダンスという分野を、友人の勧めもありアメリカLas Vegasで挑戦することになったのが二〇〇四年、それから毎年渡米し、二〇〇八年にはDANCE USAというダンス・コンテストで翔・隼人兄弟で全米チャンピオンになり、その長年の功績によりチームに対して二〇一一年にLas Vegasのアジア事務局から、二〇一二年にはネバダ州知事から、日本文化を通じてネバダに貢献したとして感謝状を頂きました。

二〇一五年にはハワイの市長、知事からも感謝状を頂き、自分たちの力だけではない沢山の方々の支えに深く感謝しています。

とはいえ、まだまだのこの分野、同じく海外でも活動されている久保山先生、なっちゃんの存在は、やっていることは間違いない、と自分たちを肯定できる励みになっています。

「SSC DANCE ミニ LIVE」にて，挨拶に出てこられたソウルスプラッシュクルーと黒岩洋子さん（中央，2015年３月，アクロス福岡円形ホール）

なっちゃんとの一番の思い出は、日田のチャンポンを二人で食べながら語り合ったことです。あの、ピアノを弾く力強い姿や素晴らしい音色からは想像できない、純粋で素朴で、生まれつき善良な魂を持ってる子なんだなぁ、と大好きになりました。

息子たちも「有難いねぇ」が口癖で、なっちゃんや息子たちみたいに素直に人に感謝できたり感動できる同世代の子たちが、海外で得たものを日本へ持ち帰って、芸術、平和、教育活動を広めてくれることを心より願っています。

なっちゃん、ありがとう。

ご縁あって

姶良カノンステーション代表　出水恵美子

今から十五年も前になります。鹿児島バスティン研究会代表の池川礼子先生のお陰で、二〇〇〇年のバスティンツアーに参加させていただいた時、菜摘さんのお母さまの久保山先生と出逢いました。同じ九州ということで話しやすくて気も合い、帰る前日には一晩中話しこんでいたほどです。おかげでそれからは、鹿児島でのいろんなコンサートの際、菜摘さんのピアノを聴ける機会に恵まれました。

菜摘さんが小学三年生で池川先生のレッスンを受けに来られたとき、私もそのレッスンを聴講させて頂きました。こんなに小さいのによく楽譜が読めて、指も良く動くなぁという第一印象でした。しかも、長時間のレッスンへの菜摘さんの集中力には驚かされました。

あれから、いろいろなコンクールを経験しては、どんどん上手くなっていく菜摘さん。でも、いつ会ってもその明るく人なつっこい性格は変わりません。きっと、自分と向き合うときには、人一倍の努力をしているんだろうな、とその精神力の強さを思うことでした。

まだ中学二年生のときの二〇〇六年、ピティナ・ピアノ・コンクールＦ級予選を一人で受けに来たとき、幸いにも、鹿児島で菜摘さんのお世話をさせていただきました。その予選・本選を通過して、迎えた全国大会の表彰式の日、地下鉄の駅で、なんと一匹のちょうちょが、菜摘さんの周りをぐるぐる回っていたと聞きました。そして、結果はF級金賞。おめでとう、と思わず飛び上がって喜んだことを覚えています。

菜摘さんを連れて何度も知覧を訪ねたことも大きな思い出です。また、菜摘さんのピアノと米良美一さんの朗読で鹿児島空港そばのチェコ村で行われた慰霊祭に参加してもらったこともありました。

2006年，鹿児島公演にて出水恵美子先生と菜摘（中学生）

お母さんとの二人三脚で、数多くの演奏会やチャリティー・コンサートをこなしてきました。また、ペルーの子どもたちに鍵盤ハーモニカを送るため、寒い冬でも街頭演奏をしたり、ときには茶目っ気のある演奏でポップスでもなんでもさらりと弾きこなしてしまいます。どんなときも、聴く人の心を打つ演奏になっているのが不思議です。また、演奏の合間のトークもとても上手です。いつ聴いても、大きな感動をもらっています。つい先日は、なんと、御前演奏の機会を与えてもらったとのこと。本当に、これまでの努力の賜物ですね。

こんなに素晴らしい菜摘さんの近くにいられることを、私はとても誇りに思います。これからも、いつまでも、誰からも愛される演

バスティン研修ツアーにて。左から
二人目が出水恵美子先生（2000年）

奏家として、みんなに夢や希望や勇気を与え続けて欲しいです。
ずっと応援していきますよ、なっちゃん。

あとがき

菜摘のチャリティー・コンサートで集まった三十台の鍵盤ハーモニカを持って、二〇一四年五月、ペルーへ行きました。「アンデスの風」の山崎さんが建てられた、ペルーのクスコ県・ウチュジュク村の小学校を訪問するためでした。

四〇〇〇メートルの山の上、私たちはそこで演奏会と鍵盤ハーモニカでの授業を行いました、この楽器なら、持ち運びが便利で、電気も使わず、肺活量の多い山の上の民族の方たちには、良い贈り物になると思いました。日本で使わなくなった楽器を届けると同時に、日本でももう一度この楽器を見直してみる機会がやって来たと思いました。

もう何年も前になりますが、クロアチアが戦争をしていた時、何か欲しい物はありますか……という質問に、ハンカチがたくさん欲しいと言われ、「愛のハンカチコンサート」というのをしていた音楽家の方がいました。怪我の手当て、包帯代わり、寒さを防ぐ、手を拭く、鼻をかむなど、何にでもとても役に立つのだと言われたそうです。私も菜摘とたくさんの古くなったハンカチを持ってコンサートに行った記憶があります。戦争が終わった後にはもうハンカチは要らなくなりましたが、今、私と菜摘はチャリティー・コンサートで鍵盤ハーモニカを集めています。

人のお役に立てることを、これからも続けていきたいと思います。

私はもともと、子供を育てるとか面倒をみているなどという意識があまりない母親だったせいか、友であり、良き先輩であればよいと思っていました。

ある知人から「神さまからお預かりしている仲間だと思うことが子育てのコツ。そして、時が来たら社会にお返しするのよ」と言われました。二人の子を出産した頃にこの話を聞き、「なるほど、ホームステイのように……」と思って、菜摘と衆斗を育てました。

人と人とのご縁は不思議ですが、偶然の顔をした必然なのでしょう。不必要なものや無駄なものなどはないのでしょう。

日々直感を磨き、今何をするべきか、何をしたらよいか……素早く判断して行動していけたらと思っています。


本書を執筆・編集するあたり、たくさんの方々に寄稿していただきました。ここで改めてお礼を述べさせていただきます。

チャリティー活動十年、そして大学卒業を機に、二十二歳で初めて執筆した菜摘とともに母親である私のつたない文章を丁寧に支えて手伝って下さった〝なっちゃんの応援隊〟林知保さんには心からの敬意と感謝を申し上げます。

菜摘の福岡市三宅小学校五年生の時の担任の西岡美香先生には、随分前から日記のように私たちの生活を記録していただき、その記録原稿により今回の執筆をスムーズに運ぶことができ感謝でいっぱいです。ありがとうございました。

遅筆な私たち母娘を静かに見守り導いて下さった花乱社の別府大悟さん、素敵な装丁をして下さったdesign POOLの北里俊明さん・田中智子さん、本のタイトルを『なっちゃんの大冒険』と名付けて下さったイラストレーターのことりさん、ありがとうございます。

その他、ここではお名前を掲げきれませんが、本書を上梓するにあたってお世話になった方々に心より厚くお礼を申し上げます。

これからも、「縁」を大切にして「縁」を結んでいけるよう音楽を通して活動していきたいと思っています。

ご縁があってこの本を読んで下さった皆様には、私たちの記録にお付き合いいただき感謝でいっぱいです。ありがとうございました。

ことり作

二〇一五年四月

久保山千可子

久保山千可子（くぼやま・ちかこ）
1964年，札幌市に生まれ，東京で育つ。国立音楽大学ピアノ科を卒業。1987年，ザルツブルクモーツァルテウム音楽院にてサマーセミナー受講。1998年，PTNA モスクワ・ツアーに参加。ヨーロッパやアメリカにおいて様々な研鑽を積む。国内外のアーティストのマスタークラス開催他，バスティン・メソッド講座などセミナーやコンサートイベントを各地でプロデュースする。また「ル・セルクル音楽教室」とともに福岡市南区において「少年少女みなみ」音楽サークルを主宰，毎年コンサートを開催するなど，幅広く活躍。2006年，ピティナ最優秀指導者賞受賞。PTNA 福岡セルクルステーション代表。全日本ピアノ指導者協会正会員。各種コンクール審査員。福岡市在住。

久保山菜摘（くぼやま・なつみ）
1992年，川崎市で生まれ，静岡県，福岡県に移住。４歳よりピアノを始め，ピティナ・ピアノ・コンペティションＡ２，B，Jr.G 級全国大会出場。デュオ初級Ａ全国最高位。2006年，Ｆ級において金賞。併せて読売新聞社賞，聖徳大学川並賞を受賞。ショパン国際ピアノコンクール in Asia ３・４年の部，銀賞，コンチェルトＡ部門銅賞，フッペル平和祈念鳥栖ピアノコンクールにおいて幼児の部第１位。５・６年の部第１位，併せてジュニアグランプリ。海外においては，６歳の時，モスクワにて日露交流コンサートでグネーシン音楽院ホール，プーシキン美術館ホール，ラフマニノフホールにて演奏。９歳の時，スロヴァキア，フンメル国際ピアノコンクール，ジュニアカテゴリーII 第１位。11歳の時，パリのスタインウェイコンクール中級II，満場一致の第１位。2008年秋，ベルリンスタインウェイ国際ピアノコンクールにて第２位，聴衆賞及びコンサート賞を受賞し，2009年１月，ベルリンにてコンサートに出演。３月，浜松国際ピアノアカデミーに参加。８月，福田靖子賞入賞。2010年５月，ニューヨークにてコンサート出演。2012年よりヤマハ音楽奨学支援の奨学生。2013年１月，ショパン国際ピアノコンクール in ASIA プロフェッショナル部門アジア大会にて銀賞受賞（金賞なし）。飯塚新人音楽コンクールにて第１位。６歳の時に出演したモスクワでの日露交流コンサート以来，海外の情勢に興味を持ち始め，５年生の平和学習で「世界中には苦しんでいる人たちがたくさんいる」ということを知り，６年生よりチャリティー・コンサートを開き，NPO などの海外ボランティア団体に募金を続ける。そのチャリティー活動が評価され（2008－2009国際ソロプチミスト福岡の推薦により），若い女性のボランティア活動を称える「ヴァイオレット・リチャードソン賞」第１位を受賞。これまでに二宮裕子，練木繁夫，篠井寧子，福井博子，中村順子，高雄有希，杉谷昭子，池川礼子，甲斐久美子の各氏に師事。海外アーティストのマスタークラス多数受講。作曲を森山智宏氏に師事。2014年５月，ペルーの小学校に日本で行ったチャリティー・コンサートで集めた鍵盤ハーモニカを贈り，支援を行う。桐朋女子高等学校音楽科を経て，桐朋学園大学音楽学部に入学，2015年首席で卒業。宮内庁主催桃華楽堂新人演奏会に出演。

装丁／design POOL

なっちゃんの大冒険《だいぼうけん》
ピアニスト久保山菜摘《くぼやまなつみ》の平和活動《へいわかつどう》

❖

2015年5月10日　第1刷発行

❖

著　者　久保山千可子・久保山菜摘
発行者　別府大悟
発行所　合同会社花乱社
〒810-0073 福岡市中央区舞鶴 1-6-13-405
電話 092（781）7550　FAX 092（781）7555
印刷・製本　大村印刷株式会社
［定価はカバーに表示］
ISBN978-4-905327-47-9